DE LA VEJEZ
DE LA AMISTAD
PARADOJAS

VIDA DE CICERON

POR

PLUTARCO

© de la presente edición
   del 2026:

Editorial Gráficas Maxtor
   Fray Luis de León, 20
   47002 Valladolid (España)
   +34 983 090 110
   info@graficasmaxtor.es
   www.graficasmaxtor.es

I.S.B.N. 978-84-1171-144-9
depósito legal: DL VA 172-2026

Dícese de la madre de Cicerón, Helbia, haber sido de buena familia y de recomendable conducta; pero en cuanto al padre todo es extremos; porque unos dicen que nació y se crió en un lavadero; y otros refieren el origen de su linaje a Tulio Ancio, que reinó gloriosamente sobre los Volscos. El primero de la familia que se llamó Cicerón parece que fué persona digna de memoria, y que por esta razón sus descendientes, no sólo no dejaron este sobrenombre, sino que más bien se mostraron ufanos con él, sin embargo de que para muchos era objeto de sarcasmos; porque los latinos al garbanzo le llaman *Cicer*, y aquél tuvo en la punta de la nariz una verruga aplastada a manera de garbanzo, que fué de donde tomó la denominación, y de este Cicerón, cuya vida escribimos, ha quedado memoria de que proponiéndole sus amigos, luego que se presentó a pedir magistraturas y tomó parte en el gobierno que se quitara y mudara aquel nombre, les respondió con jactancia, que él se esforzaría a hacer más ilustre el nombre de Cicerón que los Escauros y Catulos. Siendo cuestor en Sicilia, hizo a los dioses una presentalla de plata, en la que escribió sus dos primeros nombres Marco y Tulio, y en lugar del tercero dispuso por una especie de juego que el artífice grabara al lado de las letras un garbanzo. Y esto es lo que hay escrito acerca del nombre.

Dicen que nació Cicerón, habiéndole dado a luz su madre sin trabajo y sin dolores, el día 3 de Enero, en el que ahora los magistrados hacen plegarias y sacrificios por el emperador. Parece que su nutriz tuvo una visión, en la que se le anunció que criaba un gran bien para todos los romanos. Esto, que comúnmente debe ser tenido por delirio y por quimera, hizo ver Cicerón bien pronto que había sido una verdadera profecía; porque llegado a la edad en que se empieza a aprender, sobresalió ya por su ingenio, y adquirió nombre y fama entre sus iguales; tanto, que los padres de éstos iban a las escuelas deseosos de conocer de vista a Cicerón, y hacían conversación de su admirable prontitud y capacidad para las letras; y los menos ilustrados reprendían con enfado a sus hijos, viendo que en los paseos llevaban por honor a Cicerón en medio. No obstante tener un talento amante de las artes y las ciencias, cual le deseaba Platón, propio para abrazar toda doctrina, y no reprobar ninguna especie de erudición, se precipitó con mayor ansia a la poesía; y se ha conservado un poemita de cuando era muchacho, titulado *Poncio Glauco*, hecho en versos tetrámetros. Adelantado en tiempo, y dedicándose con más ardor a esta clase de estudios, fué ya tenido, no sólo por el mejor orador, sino también por el mejor poeta de los romanos. Su gloria y su fama en la retórica permanece hasta hoy, a pesar de las grandes mudanzas que ha sufrido el lenguaje; pero la fama poética, habiendo sobrevenido después muchos y grandes ingenios, ha quedado del todo olvidada y oscurecida.

Cuando hubo ya salido de las ocupaciones pueriles, acudió a la escuela de Filón, que era de la secta de los académicos, aquel a quien entre los discípulos de Clitomaco admiraban más los romanos por su elocuencia, y apreciaban más por sus costumbres. Al mismo tiempo frecuentaba la casa de Mucio, uno de los principales del gobierno y del Senado, con quien hacía grandes adelantamientos en la ciencia de las leyes, y asimismo se aplicó a la milicia bajo Sila, durante la guerra Mársica. Después viendo que la República de sedición en sedición caminaba a precipitarse en la insoportable dominación de uno solo, consagró de nuevo su vida al estudio y a la meditación, conferenciando con los griegos y eruditos y cultivando las ciencias, hasta que, habiendo vencido Sila, pareció que la república tomaba alguna consistencia. En este tiempo Crisógono, liberto de Sila, habiendo denunciado los bienes de uno que decía haber perdido la vida en la proscripción, los compró él mismo en dos mil dracmas. Roscio, hijo y heredero del que se decía proscripto, se mostró ofendido, e hizo ver que aquellos bienes valían doscientos y cincuenta talentos; de lo que incomodado Sila, movió a Roscio causa de parricidio por medio de Crisógono; y como nadie quisiese defenderle, huyendo todos de ello por temor a la venganza de Sila, en este abandono acudió aquel joven a Cicerón. Estimulaban a éste sus amigos, diciéndole que con dificultad se le presentaría nunca otra ocasión más bella ni más propia para ganar fama, movido de lo cual admitió la defensa, y habiendo salido con su intento, fué admirado de todos; pero por temor de Sila hizo viaje a Grecia, esparciendo la voz de que lo hacía para procurar la salud, pues en realidad era delgado y de pocas carnes, y tenía un estómago débil que no admitía sino poca y tenue comida, y aun esto muy a deshora. La voz era fuerte y de buen temple, pero dura y no hecha; y como su modo de decir era vehemente y apasionado, subiendo siempre de tono la voz, se temía que peligrase su salud.

Llegado a Atenas, se aplicó a oír a Antíoco Ascalonita, seducido de la facundia y gracia de sus discursos, sin embargo de que no aprobaba las novedades que introducía en los dogmas de la secta; porque ya Antíoco se había separado de la que se llamaba academia nueva, y había desertado de la escuela de Carneades, o cediendo a la evidencia y a los sentidos, o prefiriendo, como dicen algunos, por cierta ambición, y por indisposición con los discípulos de Clitomaco y de Filón, a todas las demás la doctrina estoica. Mas Cicerón se mantuvo siempre en aquellos principios, y a ellos dió su atención; teniendo meditado, si le era preciso dejar del todo los negocios públicos, convertir a estos estudios su vida desde el foro y la curia, para pasarla sosegadamente entregado a la filosofía. Llególe en esto la noticia de haber muerto Sila; y como su cuerpo fortificado con el ejercicio hubiese adquirido bastante robustez, y la voz se hubiese formado del todo, resultando ser llena, dulce al oído, y proporcionada a la constitución de su cuerpo; llamado por una parte y rogado desde Roma por sus amigos, y exhortado por otra de Antíoco a que se entregase a los negocios públicos, volvió otra vez a cultivar la oratoria como un instrumento que había de poner en ejercicio para adelantar en la carrera política, trabajando discursos, y consultando los oradores más acreditados. Con este objeto navegó al Asia y a Rodas; y de los oradores de Asia oyó a Jenocles de Atramicio, a Dionisio de Magnesia y a Menipo de Caria; y en Rodas al orador Apolonio Molón y al filósofo Posidonio. Dícese que Apolonio, no sabiendo la lengua latina, pidió a Cicerón que declamara en griego, y que éste tuvo en ello gusto, juzgándolo más conducente para la corrección. Después de haber así declamado, todos se quedaron asombrados y compitieron en las alabanzas; sólo Apolonio se estuvo inmoble oyéndole, y después que hubo concluído, permaneció en su asiento pensativo por largo rato; y como Cicerón se manifestase resentido: "A ti, oh Cicerón —le dijo—, te admiro y te alabo; pero duélome de la suerte de la Grecia, al ver que los únicos bienes y ornamentos que nos habían quedado, la ilustración y la elocuencia, son también por ti ahora trasladados a Roma."

Decidiéndose, pues, a tomar parte en el gobierno, lleno de lisonjeras esperanzas, un oráculo sin embargo contenía y moderaba aquel ímpetu, porque habiendo preguntado en Delfos al Dios cómo adquiriría grande fama, le había aconsejado la Pitia que tomara su propia naturaleza por regulador de su conducta, y no la opinión del vulgo. Así al principio procedía con gran precaución, y no daba sino pasos muy lentos hacia las magistraturas, y aun por esto mismo no hacían caso de él, y le motejaban con aquellos apodos vulgares tan comunes en Roma: *Griego y ocioso*. Mas siendo él amante de gloria por carácter, y continuadas las excitaciones de su padre y sus amigos, se dedicó al fin a la defensa de las causas, en la que no por grados llegó a la primacía, sino que desde luego resplandeció con brillante gloria, y se aventajó mucho a todos los que con él contendían en el foro. Dícese que estando en la parte de la elocución no menos sujeto a defectos que Demóstenes, puso mucha atención en observar al cómico Roscio y al trágico Esopo. De éste se cuenta que representando en el teatro a Atreo cuando deliberaba sobre vengarse de Tiestes, como pasase casualmente uno de los sirvientes en el momento en que se hallaba fuera de sí con la violencia de los afectos, le dió un golpe con el cetro, y le quitó la vida; y no fué poca la fuerza que de la representación y la acción teatral tomó para persuadir la elocuencia de Cicerón; como que de los oradores que hacían consistir el primor de ésta en vocear mucho, solía decir con chiste, que por flaqueza montaban en los gritos como los cojos en un caballo. Su facilidad y gracia para esta clase de agudezas y donaires bien parecía propia del foro y sazonada; pero usando de ella con demasiada frecuencia, sobre ofender a no pocos, le atrajo la nota de maligno.

Nombrósele cuestor en tiempo de carestía, y habiéndole cabido en suerte la Sicilia, al principio se hizo molesto a aquellos naturales por verse precisado a enviar trigo a Roma; pero después, habiendo experimentado su celo, su justificación y su genio apacible, le respetaron sobre todos los magistrados que habían conocido. Sucedió en aquella sazón que a muchos de los jóvenes más principales de las primeras familias se les hizo cargo de insubordinación y falta de valor en la guerra; y habiendo sido remitidos al tribunal del pretor de la Sicilia, Cicerón defendió enérgicamente su causa, y los sacó libres. Venía muy engreído con esto a Roma, y dice él mismo que le sucedió una cosa graciosa y muy para reír; porque habiéndose encontrado en la Campania con un ciudadano de los más principales, a quien tenía por amigo, le preguntó qué se decía entre los romanos de sus hechos, y cómo se pensaba acerca de ellos; pareciéndole que toda la ciudad había de estar llena de su nombre y de la gloria de sus hazañas, y aquél le respondió fríamente: "¿Pues dónde has estado este tiempo, Cicerón?", y añade que entonces cayó enteramente de ánimo, viendo que habiéndose perdido en la ciudad como en un piélago inmenso la conversación que de él se hubiese hecho, nada había ejecutado que para la gloria hubiese tenido mérito; y habiendo entrado consigo en cuentas, rebajó mucho de su ambición, considerando que el trabajar por la gloria es obra infinita, y en la que no se halla término. Mas, sin embargo, el alegrarse con extremo de que lo alabasen, y ser muy sensible a la gloria, lo conservó hasta el fin, y muchas veces fué un estorbo para sus más rectas determinaciones.

Mas, al fin, entregado al gobierno con demasiado empeño, tenía por cosa muy reparable que los artesanos, que sólo emplean instrumentos y materiales inanimados, no ignoren ni el nombre, ni el país, ni el uso de cada uno; y el empleado, que para todos los negocios públicos tiene que valerse de hombres, proceda con desidia y descuido en cuanto a conocer los ciudadanos. Por tanto, no sólo se acostumbró a conservar sus nombres en la memoria, sino que sabía en qué calle habitaba cada uno de los principales, qué posesiones tenía, qué amigos eran para él los de mayor influjo, y quiénes eran sus vecinos; y por cualquiera parte que Cicerón caminara de la Italia podía sin detenerse expresar y señalar las tierras y las casas de campo de sus amigos. Siendo su hacienda no muy cuantiosa, aunque la suficiente y proporcionada a sus gastos, causaba admiración que no recibiese ni salario ni dones por las defensas; lo que aun se hizo más notable cuando se encargó de la acusación de Verres. Había sido éste pretor de la Sicilia, donde cometió mil excesos; y persiguiéndole los sicilianos, Cicerón hizo que se le condenara, no con hablar, sino en cierta manera por no haber hablado; porque estando los pretores de parte de Verres, y prolongando la causa con estudiadas dilaciones hasta el último día, como estuviese bien claro que esto no podía bastar para los discursos, y el juicio no llegaría a su término, levantándose Cicerón, expresó que no había necesidad de que se hablase; y presentando testigos, y examinándolos, concluyó con decir que los jueces pronunciaran sentencia. Con todo, en el discurso de esta causa se cuentan muchos y muy graciosos chistes suyos. Porque los romanos llaman *verres* al puerco no castrado; y habiendo querido un liberto llamado Cecilio, sospechoso de judaizar, excluir a los sicilianos, y ser él quien acusara a Verres, le dijo Cicerón: "¿Qué tiene que ver el judío con el puerco?" Tenía Verres un hijo ya mocito, de quien se decía que no hacía el más liberal uso de su belleza; y motejando Verres a Cicerón de afeminado: "A los hijos —le repuso— no se les reprende, sino de puertas adentro." El orador Hortensio no se atrevió a tomar la defensa de la causa de Verres, pero le patrocinó al tiempo de la tasación; por lo que recibió en precio una esfinge de marfil; y habiéndole echado Cicerón alguna indirecta, como le respondiese que no sabía desatar enigmas, le repuso éste con presteza: "Pues la esfinge tienes en casa."

Habiendo sido de este modo condenado Verres, tasó Cicerón la multa que había de sufrir en setecientas cincuenta mil dracmas; sobre lo que quisieron culparle de que por dinero había rebajado la estimación; mas ello es que los sicilianos le quedaron tan agradecidos, que cuando fué edil trajeron en su obsequio muchas cosas de la isla, y se las presentaron; pero de ninguna se aprovechó, y sólo se valió del afecto de aquellos isleños para que tuviera el pueblo los frutos a un precio más cómodo. Poseía una tierra bastante extensa en Arpino, y junto a Nápoles; y junto a Pompeya tenía otros dos campos no muy grandes; la dote de su mujer Terencia era de ciento veinte mil dracmas; y tuvo una herencia que le produjo unas noventa mil. Pues atenido a solos estos bienes, lo pasó liberal y sobriametne con los literatos griegos y romanos que tenía siempre consigo; y muy rara vez se ponía a la mesa antes de haber caído el sol, no tanto por sus ocupaciones, como por la enfermedad de estómago que padecía. Por lo tocante al cuidado de su cuerpo, en todo lo demás era nimiamente delicado y puntual, tanto que en las fricciones y los paseos no excedía del número prefijado. Atendiendo de este modo a conservar y recrear su constitución, se mantuvo sano y en disposición de poder llevar tantas fatigas y trabajos. En cuanto a casa, la paterna la cedió a su hermano; y él habitaba junto al palacio, para que no sintieran los que le visitaban la mortificación que habrían de sentir si fueran de más lejos; y le visitaban diariamente tantos a lo menos como a Craso por su riqueza y a Pompeyo por su gran poder en los ejércitos, que eran los dos personajes más admirados y de mayor autoridad entre los romanos; y aun Pompeyo mismo cultivaba la amistad de Cicerón, cuyo consejo y auxilio en los asuntos de gobierno le sirvieron mucho para el acrecentamiento de su poder y su gloria.

Pidieron al mismo tiempo que él la pretura muchos y muy distinguidos ciudadanos, entre los que fué sin embargo elegido el primero de todos, y los juicios parece que los despachó íntegra y rectamente. Refiérese que juzgado por él en causa de malversación Licinio Macro, varón por sí mismo de gran poder en la ciudad, y sostenido además por la protección de Craso, confiando demasiado en el favor de éste y en los pasos que se habían dado, se marchó a casa cuando todavía los jueces estaban dando los votos, e hizo que inmediatamente le cortaran el cabello; se vistió de blanco como si ya hubiera vencido en el juicio, y se dirigía otra vez al tribunal; y habiéndole encontrado Craso en el atrio, y anunciándole que había sido condenado por todos los votos, se volvió adentro, se puso en cama y murió; suceso que concilió a Cicerón la opinión de que regía con celo el tribunal. Sucedió que Vatinio, hombre áspero, acostumbrado a no tratar con el mayor respeto a los magistrados en sus discursos, y que tenía el cuello plagado de lamparones, pedía una cosa a Cicerón, y como no la concediese, sino que se parase a pensar por algún tiempo, le dijo aquél, que si él fuera pretor no tardaría tanto en decidir; a lo que Cicerón contestó con viveza: "Es que yo no tengo tanto cuello." Cuando no le quedaban más que dos o tres días de magistratura, le presentó uno a Manilio, a quien hacía cargo de malversación, y es de advertir que este Manilio gozaba del aprecio y favor del pueblo, por creerse que en él se hacía tiro a Pompeyo, de quien era amigo. Pedía término, y Cicerón no le concedió más que el día siguiente; lo que llevó a mal el pueblo, porque acostumbraban los pretores a conceder diez días cuando menos a los que sufrían un juicio. Citábanle, pues, para ante el pueblo los tribunos de la plebe, haciéndole reconvenciones y acusándole; pero habiendo pedido que se le oyese dijo: que habiendo tratado siempre a los reos con toda la equidad y humanidad que las leyes permitían, le había parecido muy duro no tratar del mismo modo a Manilio; y no quedándole ya más que un solo día de pretor, aquél era el que de intento le había dado por término; porque remitir el juicio a otro magistrado entendía que no era de quien deseaba favorecer. Produjeron estas palabras una gran mudanza en el pueblo; así es que celebrándole con los mayores elogios, le rogaron que se encargara de la defensa de Manilio. Prestóse a ello de buena voluntad en consideración también a Pompeyo ausente; y habiendo tomado el negocio desde su principio, habló con energía contra los fautores de la oligarquía, y enemigos por envidia de Pompeyo.

A pesar de esto, para el consulado fué generalmente protegido de todos, no menos de la facción del Senado que de la muchedumbre, poniéndose de su parte unos y otros con este motivo. Verificada la mudanza que Sila introdujo en el gobierno, aunque al principio se tuvo por repugnante, entonces ya parecía haber tomado cierta estabilidad, con la que el pueblo comenzaba a hallarse bien por el hábito y la costumbre; pero no faltaban genios turbulentos que trataban de mover y trastornar el estado presente, no con la mira de mejorarle, sino con la de saciar sus pasiones, valiéndose de la ocasión de estar todavía Pompeyo ocupado en la guerra contra los reyes del Ponto y la Armenia, y de no existir en Roma fuerzas de alguna consideración. Tenían éstos por corifeo a Lucio Catilina, hombre osado, resuelto y de sagaz y astuto ingenio; el cual, además de otros muchos y muy graves crímenes, era inculpado entonces de vivir incestuosamente con su hija, de haber dado muerte a un hermano, y de que por temor de que sobre este hecho atroz se le formara causa, había alcanzado de Sila que lo incluyera en las listas de los proscriptos a muerte, como si todavía viviese. Tomando, pues, a éste por caudillo toda la gente perdida, se dieron mutuamente muchas seguridades, siendo una de ellas la de haber sacrificado un hombre y haber comido de sus carnes. Sedujo además Catilina a una gran parte de la juventud, proporcionando a cada uno placeres, comilonas y trato con mujerzuelas, y suministrando el caudal para todos estos desórdenes. Estaba fuera de esto dispuesta a sublevarse toda la Toscana, y la mayor parte de la Galia llamada Cisalpina. La misma Roma estaba muy próxima a alterarse por la desigualdad de las fortunas; habiendo los más nobles y principales desperdiciado las suyas en teatros, banquetes, competencias de mando y obras suntuosas, y habiendo venido a parar la riqueza en la gente más baja y ruin de la ciudad; de manera que se necesitaba de muy poco esfuerzo, y le era muy fácil a cualquier atrevido hacer caer un gobierno que de suyo era débil y caedizo.

Mas para partir Catilina de un principio seguro pedía el consulado; y se lisonjeaba de que saldría cónsul con Cayo Antonio, hombre que por sí no era propio para estar al frente de nada, ni bueno ni malo; pero que daría peso al poder ajeno. Previéndolo así la mayor parte de los honestos y buenos ciudadanos, movieron a Cicerón a que se presentara competidor; y siendo muy bien recibido del pueblo, quedó desairado Catilina, y fueron elegidos Cicerón y Cayo Antonio; no obstante que de todos los candidatos sólo Cicerón era hijo de padre que pertenecía al orden ecuestre y no al senatorio.

Aunque todavía eran entonces ignorados de la muchedumbre los intentos de Catilina, no faltaron sin embargo grandes altercados y contiendas desde el principio del consulado de Cicerón. De una parte los que por las leyes de Sila no podían ejercer autoridad, que no eran pocos ni carecían de influjo, al pedir las magistraturas hablaban al pueblo, acusando la tiranía de Sila, en gran parte con verdad y justicia; y querían hacer en el gobierno mudanzas que ni eran convenientes, ni la sazón oportuna. De otra los tribunos de la plebe proponían leyes análogas y por el mismo término para crear decemviros con plena autoridad, haciéndolos árbitros en toda la Italia, toda la Siria, y cuanto recientemente había sido adquirido por Pompeyo, para vender los terrenos públicos, juzgar libremente y sin sujeción, restituir los desterrados, fundar colonias, tomar caudales del tesoro público, y reclutar y mantener tropas en el número que necesitasen; por lo cual algunos de los principales ciudadanos se adherían a la ley, y el primero entre ellos Antonio, el colega de Cicerón, por esperar que había de ser uno de los diez. Parecía además que sabedor de las novedades meditadas por Catilina, no le desagradaban por sus muchas deudas, que era lo que principalmente hacía temer a los amantes del bien; y esto fué lo primero que acudió a remediar Cicerón. Porque aquél le decretaron en la distribución de las provincias de Macedonia; y habiendo adjudicado a Cicerón la Galia, la renunció; y con este favor ganó a Antonio, para que como actor asalariado hiciera el segundo papel en la salvación de la patria. Cuando ya éste quedó así sujeto y dócil, cobrando Cicerón mayores bríos, se opuso de frente a los novadores; e impugnando, y en cierta manera acusando en el Senado la ley, de tal modo aterró a los que querían hacerla pasar, que no se atrevieron a contradecirle. Hicieron nueva tentativa, y como yendo prevenidos, citasen a los cónsules ante el pueblo, no por eso se acobardó Cicerón, sino que ordenó que le siguiese el Senado; y presentándose en la junta pública, además de conseguir que se desechara la ley, hizo que los tribunos desistieran de otros planes. ¡De tal modo los confundió con su discurso!

Porque Cicerón fué el que hizo ver a los romanos

cuánto es el placer que la elocuencia concilia a lo que es honesto; que lo justo es invencible, si se sabe decir; y que el que gobierna con celo, en las obras debe siempre preferir lo honesto a lo agradable y en las palabras quitar de lo útil y provechoso lo que pueda ofender. Otra prueba de su gracia y poder en el decir, es lo que sucedió siendo cónsul con motivo de la ley de espectáculos; porque antes los del orden ecuestre estaban en los teatros confundidos con la muchedumbre, sentándose con ésta donde cada uno podía, y el primero que por honor separó a los caballeros de los demás ciudadanos fué el pretor Marco Otón, asignándoles lugar determinado y distinguido, que es el que todavía conservan. Túvolo el pueblo a desprecio, y al presentarse Otón en el teatro, empezó por insulto a silbarle, y los caballeros le recibieron con grande aplauso y palmadas. Continuó el pueblo en los silbidos, y ellos otra vez en los aplausos; de lo cual se siguió volverse unos contra otros, diciéndose injurias y denuestos, siendo suma la confusión y alboroto que se movió en el teatro. Compareció Cicerón luego que lo supo; y como habiendo llamado al pueblo al templo de Belona, le hubiese increpado el hecho y exhortándole a la obediencia, cuando otra vez se restituyeron al teatro aplaudieron mucho a Otón, y compitieron con los caballeros en darle muestras de honor y de aprecio.

La sedición de Catilina, que al principio había sido contenida y acobardada, cobró de nuevo ánimo, reuniéndose los conjurados, y exhortándose a tomar con viveza la empresa antes que llegara Pompeyo, de quien ya se decía que volvía con el ejército. Inflamaban principalmente a Catilina los soldados viejos del tiempo de Sila, que andaban fugitivos por toda la Italia; y esparcidos el mayor número de ellos y los más belicosos por las ciudades de Toscana, no soñaban en otra cosa que en volver a los robos y saqueos. Estos, pues, teniendo por caudillo a Manlio que había sido uno de los que con más gloria habían militado bajo las órdenes de Sila, se unieron a la conjuración de Catilina y se presentaron en Roma a ayudarle en los comicios consulares. Porque pedía otra vez el consulado, teniendo resuelto dar muerte a Cicerón en medio del tumulto de los comicios. Parecía que hasta los dioses pronunciaban lo que iba a suceder con terromotos, con truenos y fantasmas. Las denuncias de los hombres bien eran ciertas; pero todavía no podían darse a luz contra un hombre tan ilustre y poderoso como Catilina. Por tanto, dilatando Cicerón el día de los comicios, llamó a Catilina al Senado, y le preguntó acerca de las voces que corrían. Este, que juzgaba ser muchos en el Senado los que estaban por las novedades, poniéndose a mirar los conjurados, dió tranquilamente a Cicerón esta respuesta: "¿Se podrá tener por cosa muy extraña, habiendo dos cuerpos, de los cuales el uno está flaco y moribundo, pero tiene cabeza, y el otro es fuerte y robusto, mas carece de ella, el que yo le ponga la cabeza a éste?" Quería designar con estas expresiones enigmáticas al Senado y al pueblo, por lo que entró Cicerón en mayores recelos; y vistiéndose una coraza, todos los principales de la ciudad y muchos de los jóvenes lo acompañaron. Llevaba de intento descubierta un poco la coraza, habiendo desatado la túnica por los hombros, a fin de dar a entender a los que le viesen el peligro. Indignados con esto, se le pusieron alrededor, y por fin, hecha la votación excluyeron por segunda vez a Catilina, y designaron cónsules a Silano y Murena.

De allí a poco, dispuestos ya a reunirse con Catilina los de la Toscana, y no estando lejos el día señalado para dar el golpe, vinieron a casa de Cicerón a la medianoche los primeros y más autorizados entre los ciudadanos, Marco Craso, Marco Marcelo y Escipión Metelo. Llamaron a la puerta, y haciendo venir al portero, le mandaron que despertara a Cicerón, y le enterara de su venida, la cual tuvo este motivo. Estando Craso cenando, le entregó su portero unas cartas traídas por un hombre desconocido, y dirigidas a varios; y entre ellas al mismo Craso una anónima. Leyó esta sola, y como viese que lo que anunciaba era que habían de hacerse muchas muertes por Catilina, exhortándole a que saliera de la ciudad, ya no abrió las otras, sino que al punto se fué en busca de Cicerón, asustado de anuncio tan terrible, y también para disculparse a causa de la amistad que tenía con Catilina. Habiendo meditado Cicerón sobre lo que debería hacerse, al amanecer congregó el Senado, y llevando consigo todas las cartas, las entregó a las personas que designaban los sobrescritos, mandando que las leyeran en voz alta. Todas se reducían a anunciar el peligro y las acechanzas de una misma manera; y con aviso que dió Quinto Arrio, que había sido pretor, de que en la Toscana se había reclutado gente, y noticia que se tuvo de que Manlio andaba inquieto por aquellas ciudades, dando a entender que esperaba grandes novedades de Roma, tomó el Senado la determinación de encomendar la república al cuidado de los cónsules, para que vieran y escogitaran los medios de salvarla; determinación que no tomaba el Senado muchas veces, sino sólo cuando amenazaba algún grave mal.

Conferida a Cicerón esta autoridad, los negocios de afuera los confió a Quinto Metelo, tomando él a su cargo el cuidado de la ciudad, para lo que andaba siempre guardado de tanta gente armada, que cuando bajaba a la plaza ocupaban la mayor parte de ella los que le iban acompañando. Catilina, no pudiendo sufrir tanta dilación, determinó pasar al ejército que tenía reunido Manlio; dejando orden a Marcio y a Cetego de que por la mañana temprano se fueran armados con espadas a casa de Cicerón como para saludarle, y arrojándose sobre él, le quitaran la vida. Dió aviso a Cicerón de este intento Fulvia, una de las más ilustres matronas, yendo a su casa por la noche, y previniéndole que se guardara de Cetego. Presentáronse aquéllos al amanecer, y no habiéndoles dejado entrar, se enfadaron y empezaron a gritar delante de la puerta, con lo que se hicieron más sospechosos. Cicerón salió entonces de casa y convocó el Senado para el templo de Júpiter Ordenador, al que los romanos llaman *Estator*, construído al principio de la Vía-sacra, como se va al palacio. Pareció allí Catilina entre los demás como para vindicarse; pero ninguno de los senadores quiso tomar asiento con él, sino que se mudaron de aquel escaño, y habiendo empezado a hablar, le interrumpieron; hasta que levantándose Cicerón le mandó salir de la ciudad, porque no usando el cónsul más que de palabras, y empleando él las armas, debían tener las murallas de por medio. Salió, pues, Catilina inmediatamente con trescientos hombres armados, haciéndose preceder de las fasces y las hachas y llevando insignias enhiestas, como si ejerciera mando supremo, y se fué en busca de Manlio. Llegó a juntar unos veinte mil hombres, y recorría las ciudades, seduciéndolas y excitándolas a la rebelión; por lo que siendo ya cierta e indispensable la guerra, se dió orden a Antonio de que marchara a reducirle.

A los que habían quedado en la ciudad de los

fascinados por Catilina, los reunió y alentó Cornelio Léntulo, llamado por apodo Sura, hombre principal en linaje, pero disoluto y desarreglado, y expelido antes del Senado por su mala conducta; y entonces era otra vez pretor, como se acostumbra hacer con los que quieren recobrar la dignidad senatorial. Dícese que el apodo de Sura se le impuso con este motivo; en el tiempo de Sila era cuestor, y perdió y disipó crecidas sumas de los fondos públicos; y como irritado Sila le pidiese cuentas en el Senado, presentándose con altanería y desvergüenza dijo que no estaba para dar cuentas; que lo que haría sería presentar la pierna, como lo ejecutan los muchachos cuando hacen faltas jugando a la pelota. De aquí le vino el llamarse Sura, porque los romanos le dicen *Sura* a la pierna. Seguíasele otra vez una causa, y habiendo sobornado a algunos de los jueces, como saliese absuelto por solos dos votos más, dijo que había sido perdido lo que había gastado en uno de los jueces, porque a él le habría bastado ser absuelto por uno más. Siendo él tal por su carácter, después de seducido por Catilina, acabaron por trastornarle con vanas esperanzas agoreros y embelecadores mentirosos, cantándole versos y oráculos forjados, como si fueran de las Sibilas; en los que se decía estar dispuestos por los hados que hubiera en Roma tres Cornelios monarcas; habiéndose ya cumplido en dos el oráculo, en Cina y en Sila; y que ahora al tercer Cornelio que restaba venía su buen Genio, trayéndole la monarquía; por tanto que debía apercibirse a recibirla y no malograr la ocasión con dilaciones como Catilina.

No era por tanto de poca monta o que no hubiera de hacer ruido lo que meditaba Léntulo, pues que su resolución era acabar con todo el Senado, y de los demás ciudadanos con cuantos pudiera, poniendo después fuego a la ciudad, sin reservar ninguna otra persona que los hijos de Pompeyo; de los que se apoderarían, teniéndolos y guardándolos bajo sus órdenes, como rehenes para transigir con Pompeyo; porque ya se hablaba mucho y con bastante fundamento que volvía del ejército grande. Habíase señalado para la ejecución una de las noches de los Saturnales; y acopiando espadas, estopa y azufre, lo habían llevado todo a casa de Cetego, y allí lo tenían reservado. Estaban además prontos cien hombres y partiendo en otros tantos distritos a Roma, a cada uno le habían asignado por suerte el suyo, para que siendo muchos a dar fuego, en breve tiempo ardiera por todas partes la ciudad. Estaban otros encargados de tapar y obstruir las cañerías, y de dar muerte a los aguadores. Mientras se formaban estos proyectos se hallaban en Roma dos embajadores de los Alóbroges, gente entonces muy castigada, y que sufría muy mal el yugo. Pensando, pues, Cetego que éstos podrían serle muy útiles para alborotar y sublevar la Galia, los hicieron de la conjuración, dándoles cartas para aquel Senado y cartas para Catilina; las del Senado ofreciendo a aquel pueblo la libertad, y las de Catilina exhortándole a que diera libertad a los esclavos, y viniera sobre Roma. Enviaron con ellos a Catilina un tal Tito de Crotona para que llevara las cartas. Unos hombres como éstos, inconsiderados, y que todas sus determinaciones las tomaban cargados de vino, y a presencia de mujerzuelas, las habían con Cicerón, hombre sobrio, de gran juicio, y que por la ciudad tenía muchos espías para observar lo que pasaba y venir a referírselo. Fuera de esto, como hablase reservadamente con muchos de los que parecían tener parte en la conjuración, y se fiase de ellos, tuvo conocimiento de las proposiciones hechas a aquellos extranjeros; y estando en acecho una noche, prendió al Crotoniata, y ocupó las cartas, auxiliándole encubiertamente los Alóbroges.

A la mañana siguiente congregó el Senado en el templo de la Concordia, donde se leyeron las cartas y examinó a los denunciadores; a lo que añadió Junio Silano que había quien oyó de boca de Cetego que habían de morir tres cónsules y cuatro pretores; refiriendo esto mismo y otras particularidades Pisón, varón consular. Envióse asimismo a la casa de Cetego a Cayo Sulpicio, uno de los pretores, y encontró en ella muchos dardos y armas de toda especie, y muchas espadas y sables, todos recién afilados. Finalmente, habiendo decretado el Senado la impunidad al Crotoniata si declaraba, denunciado y convencido Léntulo, renunció la magistratura, porque se hallaba de pretor; y despojándose en el Senado mismo de la toga pretexta, tomó el vestido conveniente a su situación. Así éste como los que estaban con él fueron entregados a los pretores para que sin prisiones los tuvieran en custodia. Era la hora de ponerse el sol; y estando en expectación un numeroso pueblo, salió Cicerón, y dando cuenta a los ciudadanos de lo ocurrido, acompañado de gran gentío, se entró en la casa de un vecino y amigo, porque la suya la ocupaban las mujeres celebrando con orgías y ritos arcanos a la diosa que los romanos llaman Bona, y los griegos *Muliebre*. Sacrifícasele cada año en la casa del cónsul por su mujer o su madre con asistencia de las vírgenes Vestales. Entrando, pues, Cicerón en la casa acompañado solamente de unos cuantos, se puso a pensar qué haría de aquellos hombres; porque la pena última correspondiente a tan graves crímenes se le resistía, y no se determinaba a imponerla por la bondad de su cáracter, y también porque no pareciese que se dejaba arrebatar demasiado de su poder, y usaba de sumo rigor con unos hombres de las primeras familias y que tenían en la ciudad amigos poderosos. Mas, por otra parte, si los trataba con blandura, temía el peligro que de ellos le amenazaba, pues que no se darían por contentos si se les imponía alguna pena, aunque no fuera la de la muerte; sino que se arrojarían a todo, reforzada su perversidad antigua con el nuevo encono; y además él mismo se acreditaba de cobarde y flojo, cuando ya no tenía opinión de muy resuelto.

Mientras Cicerón se hallaba combatido con estas dudas, las mujeres en el sacrificio que hacían observaron un portento: porque el ara, cuando parecía que el fuego estaba ya apagado, de la ceniza y de algunas cortezas quemadas levantó mucha y muy clara llama; de lo que las demás se mostraron asustadas pero las sagradas vírgenes dijeron a Terencia, mujer de Cicerón, que fuera cuanto antes en busca de su marido, y le exhortara a poner por obra lo que tenía meditado en bien de la patria; habiendo dado la diosa aquella gran luz en salud y gloria del mismo. Terencia, que por otra parte no era encogida ni cobarde por carácter, sino ambiciosa, y que, como dice el mismo Cicerón, más bien tomaba parte en los cuidados políticos del marido, que la daba a éste en los negocios domésticos, marchó al punto a darle parte de lo sucedido, y lo acaloró contra los conspiradores; ejecutando lo mismo Quinto su hermano, y de los amigos que tenía con motivo de su estudio en la filosofía, Publio Midigio, de cuyo consejo se valía principalmente en los asuntos políticos de importancia. Tratándose, pues, al día siguiente en el Senado del castigo de los conjurados, Silano, que fué el primero a quien preguntó su dictamen, dijo: que traídos a la cárcel deberían sufrir la última pena; y todos seguidamente se adhirieron a él, hasta Cayo César, el que fué dictador después de estos sucesos. Era todavía joven, y estaba dando los primeros pasos para su acrecentamiento; mas en su conducta pública y en sus esperanzas ya marchaba por aquella senda por la que convirtió el gobierno de la República en Monarquía. Ninguna sospecha tenían contra él los demás; y aunque a Cicerón no le faltaban motivos para ella, no había dado asidero para que se le hiciera cargo, diciendo algunos que estando muy cerca de caer en la red, se había escapado de ella; pero otros son de sentir que con conocimiento se desentendió Cicerón de la denuncia que contra él tenía, por miedo de su poder y el de sus amigos, pues era cosa averiguada que más bien se llevaría César tras sí a los otros para la salud, que éstos a César para castigo.

Llegada, pues, su vez de votar, levantándose, expresó que no se debía quitar la vida a los culpados, sino publicar sus bienes, y llevándolos a las ciudades de Italia que a Cicerón le pareciese, tenerlos en prisión hasta que se hubiese acabado con Catilina. A este dictamen, benigno en sí, y esforzado por un hombre elocuente, le dió mayor valor Cicerón; porque levantándose, se propuso hacer de los dos uno, tomando parte del primero, y conviniendo en parte con César; y como todos sus amigos creyesen que a Cicerón le convenía más adoptar el dictamen de César, porque habría menos motivos de queja contra él no quitando la vida a los reos, prefirieron esta segunda sentencia; tanto, que reformó también su voto Silano, y le explicó diciendo que por última pena no había querido entender la de muerte, puesto que para un senador romano lo era la cárcel. Dada por César esta sentencia, el primero que la contradijo fué Luctacio Catulo; y después, tomando la palabra Catón, como acriminase con vehemencia a César por las sospechas que contra él había, excitó de tal modo la indignación del Senado, que condenaron a los culpados a muerte. En cuanto a la publicación de los bienes se opuso César, diciendo no ser puesta en razón, pues que se había desechado la parte benigna de su dictamen, que quisieran aplicar la de mayor rigor. Eran no obstante muchos los que en esto insistían, por lo que hizo llamar a los tribunos de la plebe; y como éstos no se prestasen a sostenerle, cedió Cicerón, y por sí mismo quitó la parte de la publicación de los bienes.

Partió, pues, con el Senado en busca de los detenidos, que no estaban en una misma parte todos, sino que de los pretores uno custodiaba a uno, y otro a otro. Léntulo fué el primero a quien trajeron del palacio por la Vía-sacra y por medio de la plaza, cercado y custodiado por los primeros ciudadanos estando el pueblo asombrado de lo que veía y presenciándolo en silencio; los jóvenes principalmente, como si se les iniciara en los misterios patrios de la potestad aristocrática, lo estaban mirando con miedo y con terror. Luego que hubieron pasado de la plaza y llegado a la cárcel, hizo entrega Cicerón de Léntulo al carcelero, y le mandó darle muerte; en seguida de éste a Cetego, y del mismo modo trayendo los demás, se les quitó la vida. Observando que todavía se hallaban reunidos en la plaza muchos de los conjurados, ignorantes de lo que pasaba, y esperando la noche, para extraer a los detenidos, que todavía creían vivos y con bastante poder, les dirigió la palabra en voz alta, diciéndoles: "Vivieron"; porque los romanos para no usar de una voz que tienen a mal agüero, significan de este modo el haber muerto. Declinaba ya la tarde, y por la plaza subió a su casa, acompañándole los ciudadanos, no ya en silencio ni guardando orden sino recibiéndole con voces y señales de aplauso los que se hallaban al paso, y dándole los nombres de salvador y fundador de la patria. Iluminárose las calles, y los que estaban en las puertas sacaban faroles y antorchas. Las mujeres desde lo alto se mostraban por respeto y por deseo de ver al cónsul, que subía con el brillante acompañamiento de los principales ciudadanos, muchos de los cuales habiendo acabado peligrosas guerras, entrado en triunfo y ganado para la República gran parte de la tierra y del mar, iban confesando de unos a otros que a muchos de sus generales y caudillos era deudor el pueblo romano de riqueza, de despojos y de poder; pero de seguridad y salud a sólo Cicerón, que lo había sacado de tan grave peligro, no estando lo maravilloso en haber atajado tan criminales proyectos, sino en haber pagado la mayor conjuración que jamás hubiese habido con tan poca sangre y sin alboroto ni tumulto. Porque la mayor parte de los que habían ido a reunirse con Catilina apenas supieron lo ocurrido con Léntulo y Cetego, lo abandonaron y huyeron; y combatiendo contra Antonio con los que le habían quedado, él y el ejército fueron deshechos.

No obstante esto, no dejaba de haber algunos que se preparaban a molestar a Cicerón de obra y de palabra por los pasados sucesos, al frente de los cuales estaban los que habían de entrar en las magistraturas; César que iba a ser pretor, y Metelo y Bestia, tribunos de la plebe. Posesionárose éstos en sus cargos cuando todavía Cicerón había de ejercer el consulado por algunos días, y no le dejaron arengar al pueblo, sino que poniendo sillas en la tribuna, no le dieron lugar ni se lo permitieron, como no fuera solamente para renunciar y abjurar el consulado si quería, bajándose luego. Presentóse, pues, como para renunciar, y prestándole todos silencio hizo, no el juramento patrio y acostumbrado en tales casos, sino otro particular y nuevo; que juraba haber salvado la patria y afirmado la República; y este mismo juramento hizo con él todo el pueblo. Irritados más con esto César y los tribunos, pensaron cómo suscitar nuevos disgustos a Cicerón, para lo cual dieron una ley llamando a Pompeyo con su ejército, a fin de destruir, decían, la dominación de Cicerón; pero era para éste y para toda la República de grandísima utilidad el que se hallase de tribuno de la plebe Catón para contrarrestar los intentos de aquéllos con igual autoridad y con mayor reputación; porque fácilmente los desbarató, y en sus discursos al pueblo ensalzó de tal modo el consulado de Cicerón, que se le decretaron los mayores honores que nunca se habían concedido y se le llamó públicamente padre de la patria, siendo él el primero a quien parece haberse dispensado este honor por haberle así apellidado Catón ante todo el pueblo.

Grande fué entonces su poder en la ciudad; mas sin embargo se atrajo la envidia de muchos, no por ningún hecho malo, sino causando cierto disgusto e incomodidad con estar siempre alabándose y ensalzándose a sí mismo; porque no se entraba en el Senado, en la junta pública, en los tribunales sin oír continuamente hablar de Catilina y de Léntulo. Sus mismos libros y todos sus escritos están llenos de elogios propios; así es que aun su misma dicción, que era dulcísima y tenía mucha gracia, la hizo odiosa y pesada a los oyentes, por ir siempre acompañada de este fastidio como de un resabio inevitable. Mas sin embargo de estar sujeto a esta desmedida ambición, vivió libre de envidiar a nadie, acreditándose del menos envidioso con tributar elogios a todos los hombres grandes que le habían precedido, y a los de su edad, como se ve por sus escritos, conservándose la memoria de muchos; como, por ejemplo, decía de Aristóteles que era un río con raudales de oro; de los Diálogos de Platón que si Júpiter usara de la palabra, hablaría de aquella manera; y a Teofrasto solía llamarle sus delicias. Preguntado cuál de las oraciones de Demóstenes le parecía la mejor, respondió que la más larga. No obstante, algunos de los que afectan demostenizar le achacan haber dicho en carta a uno de sus amigos que alguna vez dormitó Demóstenes; y no se acuerdan de los continuos y grandes elogios que hace de este hombre insigne, y de que a las más estudiadas y más vehementes de sus oraciones, que son las que dijo contra Antonio, las intituló filípicas. De los hombres que en su tiempo tuvieron fama, o por la elocuencia o por la sabiduría, no hubo ninguno al que no hubiese hecho más ilustre hablando o escribiendo con sinceridad de cada uno. Para Cratipo el Peripatético alcanzó que se le hiciera ciudadano romano, siendo ya dictador César; y obtuvo para él mismo que el Areópago decretara y le rogara permaneciese en Atenas para formar la juventud, siendo el ornamento de aquella ciudad. Existen cartas de Cicerón a Herodes, y otras a su propio hijo, encargándoles cultivaran la filosofía con Cratipo. Noticioso de que el orador Gorgias inclinaba a este joven a los placeres y a las comilonas, le previno que se separara de su trato. Esta carta primera de las griegas, y la segunda a Pelope de Bizancio, parece haber sido las únicas que se escribieron con enfado; en cuanto a Gorgias, con razón, culpándole de ser vicioso y disipado, como parece haberlo sido; pero en cuanto a Pelope con pequeñez de ánimo y con ambición pueril, quejándose de que no hubiera puesto bastante diligencia para que los bizantinos le decretaran ciertos honores.

De todo esto era la causa su vanidad y también de que, acalorado en el decir, se olvidara a veces del decoro. Porque defendió en una ocasión a Numacio; y como éste después de absuelto persiguiese a un amigo de Cicerón llamado Sabino, se dejó arrebatar de la cólera hasta el punto de decir: "¿La absolución de aquella causa, oh Numacio, la conseguiste tú por ti, o porque yo cubrí de sombras la luz ante los jueces?" Elogiando a Marco Craso en la tribuna con grande aplauso del pueblo, al cabo de algunos días le maltrató en el mismo sitio; y como aquel dijese: "¿Pues no me alabaste poco ha? — Sí, repuso; pero fué para ejercitar la elocuencia en una mala causa." Dijo Craso en una ocasión que en Roma ninguno de los Crasos había alargado su vida más allá de los sesenta años; y como después lo negase con esta expresión: "Yo no sé en qué pude pensar cuando tal dije. — Sabías, le replicó, que los romanos lo oían con gusto, y quisiste hacer del popular." Dijo también Craso que le gustaban los estoicos por ser una de sus opiniones que el hombre sabio y bueno era rico; y "mira no sea, le replicó, porque dicen que todo es del sabio", aludiendo a la opinión que de avaro tenía Craso. Parecíase el uno de los hijos de éste a un tal Axio y por esta causa corrían rumores contrarios a la madre de trato con Axio, y como aquel joven hubiese recibido aplausos hablando en el Senado, preguntado Cicerón qué le parecía respondió en griego: αξιοσ Κρασσδ, que puede ser digno de Craso, o el Axio de Craso.

A pesar de esto, cuando Craso partió para la Siria, queriendo más tener a Cicerón por amigo que por enemigo, le habló con afecto, y le manifestó deseo de cenar un día con él, en lo que Cicerón significó tener mucho placer. De allí a pocos días le hablaron algunos amigos acerca de Vatinio, insinuándole que deseaba ponerse bien con él y entrar en su amistad, porque era enemigo; a lo que les contestó: "Pues qué, ¿quiere también Vatinio venir a cenar a mi casa?" Esta era la disposición de su ánimo respecto de Craso. Tenía Vatinio lamparones en el cuello, y como hablase en una causa, le llamó orador hinchado. Oyó que había muerto; y sabiendo después de cierto que vivía: "mala muerte le dé Dios, dijo, al que tan mal ha mentido." Había decretado César repartir tierras de la Campania a los soldados, lo que era en el Senado muy desagradable a muchos; y Lucio Gelio, ya muy anciano, exclamó que eso no sería viviendo él; a lo que dijo Cicerón: "Esperemos, pues, porque el término que pide Gelio no puede ir largo." Había un tal Octavio, de quien se susurraba que era de Africa, y hablando Cicerón en causa contra él, como dijese que no le oía: "pues a fe, replicó, que tienes agujereadas las orejas." Diciéndole Metelo Nepote que más eran los que había perdido dando testimonio contra ellos que los que había salvado con sus defensas: "confieso, le contestó, que en mí hay más crédito y fe que elocuencia." Era infamado cierto joven de haber dado veneno a su padre en un pastel, y como se jactase de que había de llenar a Cicerón de desvergüenza: "más quiero eso de ti, respondió, que tus pasteles." Tomóle Publio Sextio con otros por defensor en una causa, y como él se lo quisiese hablar todo, sin dar lugar a nadie, viendo que iba a ser absuelto, porque ya se había empezado a votar: "aprovéchate hoy del tiempo, le dijo, oh Sextio, porque mañana ya serás un particuar." Había un Publio Cota que quería pasar por jurisconsulto siendo necio y sin talento: llamóle por testigo para una causa, y como respondiese que nada sabía: "¿crees acaso, le dijo, que se te pregunta de leyes?" En una disputa con Metelo Nepote le preguntó éste muchas veces: "¿quién es tu padre, Cicerón?' y él por fin le dijo: "Esta respuesta te la ha hecho a ti más dificultosa tu madre"; porque parecía haber sido un poco desenvuelta la madre de Nepote, así como él era inconstante; pues renunciando repentinamente el tribunado de la plebe, hizo viaje por mar en busca de Pompeyo, y después se volvió de un modo más extraño todavía. Hizo con magnificencia el entierro de su preceptor Filagro, y puso sobre su sepulcro un cuervo de piedra, sobre lo que le dijo Cicerón que había andado muy cuerdo, pues más le había enseñado a volar que a decir. Marco Apio dio en el exordio de una causa que su amigo le había pedido que pusiera en ella cuidado, facundia y fe, a lo que le dijo Cicerón: "¿Y eres un hombre tan de corazón de acero que no has de haber hecho nada de lo que te ha pedido tu amigo?"

El usar en las causas de estos dichos mordaces y picantes contra los enemigos y contrarios pasa por parte de la oratoria; pero el ofender a cuantos se le presentaban por parecer chistoso, le hizo odioso a muchos. A Marco Aquilio, que tenía dos yernos desterrados, le llamaba Adrasto. Siendo censor Lucio Cota, que era notado de gustar demasiado del vino, pedía Cicerón el consulado, y habiéndole dado sed en la plaza, como se le pusiesen alrededor los amigos mientras bebía: "tenéis razón en temer, les dijo, no sea que el censor se vuelva contra mí si ve que bebo agua." Encontrándose con Voconio, que iba acompañando tres hijas muy feas, le aplicó este verso:

Contrario tuvo a Febo éste al ser padre

Había contra Marco Gelio la opinión de que no era hijo de padres ingenuos y como en el Senado se esforzase a leer con una voz muy alta y muy clara.

"No os admiréis, dijo, porque es de los que pregonan." Cuando Fausto, hijo de Sila el tirano, que proscribió a muchos a muerte, oprimido de sus deudas por haber malgastado su hacienda, publicó la lista de sus bienes: "más me gusta esta lista, dijo Cicerón, que las de su padre."

Con estas cosas era molesto a muchos; y a este tiempo Clodio y su facción se declararon sus enemigos con este motivo. Era Clodio de una de las primeras familias, en los años joven, y en el ánimo osado y temerario. Teniendo amor s con Pompeya, mujer de César, se introdujo ocultamente en su casa disfrazándose con el vestido y demás adornos de una cantatriz. Celebraban las mujeres aquella fiesta y sacrificio arcano, nunca visto de los hombres en casa de César, y no podía ser admitido ningún varón; pero siendo todavía Clodio mocito, que aun no tenía barba, esperó que podría quedar desconocido llegando con las mujeres hasta donde estaba Pompeya; mas habiendo entrado de noche en una casa grande, se perdió en los corredores, y habiéndole visto andar desatentado una sirvienta de Aurelia, madre de César, le preguntó su nombre. Precisado a hablar y diciendo que buscaba a Abra, criada de Pompeya, conociendo aquélla que la voz no era femenil, gritó y empezó a llamar a las mujeres. Cerraron éstas las puertas, y registrándolo todo, encontraron a Clodio que se había guarecido en el cuarto de la criada, con quien había entrado. Hízose público el suceso; César repudió a Pompeya, y a Clodio se le formó causa de impiedad.

Cicerón era amigo suyo, y en las diligencias relativas a la Conjuración de Catilina se había hallado éste a su lado y le había prestado auxilio; pero haciendo consistir toda su defensa contra la acusación de aquel crimen en no haberse hallado en Roma al tiempo en que se decía cometido, sino ocupado fuera de la ciudad en unas posesiones distantes, dió Cicerón testimonio contra él, diciendo que había estado a buscarle en su casa y le había hablado de ciertos negocios; y así era la verdad. Mas con todo, no parecía que había declarado en esta forma precisamente por amor a la verdad, sino por ponerse en buen lugar con su mujer Terencia; a causa de que miraba ésta con aversión a Clodio por Clodia su hermana, de la que se decía aspiraba a casarse con Cicerón, dando pasos para ello por medio de un cierto Tulo, que era de los amigos más estimados de Cicerón, y yendo continuamente a casa de Clodia, y obsequiándole ésta, como no viviese lejos, dió a Terencia motivos de sospecha; y siendo ésta de genio fuerte y dominando a Cicerón lo precisó a ponerse en oposición con Clodio y a atestiguar contra él. Declararon además contra Clodio muchos de los primeros y mejores ciudadanos, deponiendo de sus perjurios, de sus suplantaciones de testamentos, de sus sobornos y de sus adulterios. Lúculo produjo unas esclavas como testigos de que Clodio había tenido trato inhonesto con la más joven de sus hermanas mientras estaba enlazada con el mismo Lúculo; y corría muy valida la opinión de que le tenía con las otras dos hermanas, de las cuales Terencia estaba casada con Marcio Rex y Clodia con Metelo Celer. Dábanle a ésta el sobrenombre de Cuadrancia, porque uno de sus amantes, habiendo puesto en un bolsillo unas piezas de bronce, se las envió queriendo hacerlas pasar por plata; y a la moneda más pequeña de bronce le llaman cuadrante; y por esta hermana era por la que más se hablaba de Clodio. Mas a pesar de todo esto, el pueblo se puso entonces de parte de Clodio y contra los testigos y acusadores; por lo cual, entrando en temor los jueces, pusieron guardias, y la mayor parte echaron las tablas con las letras borradas y confusas. Sin embargo, pareció que eran más lo que absolvían; y se dijo también que había intervenido soborno; así es que Catulo, acercándose a los jueces: "Vosotros, les dijo, con verdad habéis pedido la guardia para vuestra seguridad, no fuera que alguno os quitara el dinero." Cicerón, diciéndole Clodio que su testimonio no había merecido fe a los jueces: "antes, le respondió, a mí me han creído veinticinco de ellos, porque éstos han sido los que te han condenado; y a ti no te han creído treinta, porque no te han absuelto hasta que han recibido el dinero." César, llamado como testigo, no declaró contra Clodio, ni dijo que su mujer fuese culpada de adulterio, sino que la había repudiado porque el matrimonio de César debía estar puro, no sólo de la menor acción fea, sino hasta de las sospechas.

Habiendo salido Clodio de aquel peligro, elegido tribuno de la plebe, al punto la tomó con Cicerón; excitando y moviendo todos los negocios y todos los hombres contra él, porque procuró ganarse a la muchedumbre con leyes populares; y a uno y a otro cónsul les decretó grandes provincias; a Pisón la Macedonia y a Gabinio la Siria. A muchos de escasa fortuna los asoció a sus miras, y tenía siempre a su lado esclavos armados. De los tres que gozaban del mayor poder entonces en Roma, como Craso estuviese en oposición con Cicerón y le hiciese la guerra, Pompeyo quisiese estar bien con ambos, y César hubiese de partir a la Galia con ejército, Cicerón se bajó a éste, sin embargo de que en vez de ser su amigo le era sospechoso desde los sucesos de Catilina, y le rogó que le llevase de legado a la provincia. Concedióselo César; y Clodio, viendo que Cicerón iba a ponerse fuera de su tribunado, fingió que estaba dispuesto a hacer amistades, y valiéndose de los medios de echar la culpa a Terencia de lo pasado; de hablar siempre de él; de saludarle con afabilidad, como pudiera hacerlo quien no le aborreciera ni estuviera indispuesto con él, quejándose solamente con palabras benignas y amistosas, logró quitarle enteramente el miedo, hasta el punto de desistir de su pretensión con César y volver al manejo de los negocios públicos; de lo que resentido César, dió ánimo a Clodio y apartó a Pompeyo enteramente de Cicerón; y aun declaró con juramento ante el pueblo parecerle que no se había dado justa y legalmente la muerte a Léntulo y Cetego, no habiendo sido antes juzgados: porque éste era el cargo y ésta la acusación que a Cicerón se hacía. Constituído, pues, reo, y perseguido como tal mudó el vestido, y dejando crecer el cabello, rodaba por la ciudad implorando la clemencia del pueblo. Mas por do quiera se le aparecía en todas las calles Clodio, llevando consigo hombres desvergonzados y atrevidos, que insultando a Cicerón descaradamente por la situación y traje en que se veía, y tirándole en muchas ocasiones lodo y piedras, se empeñaban en interrumpir y estorbar sus súplicas.

No obstante estos esfuerzos de Clodio, casi todo el orden ecuestre mudó también de vestido, y hasta veinte mil jóvenes le seguían dejándose crecer el cabello, y acompañándole en sus ruegos. Congregado después el Senado con el objeto de hacer decretar que se mudaran los vestidos al modo que en un duelo público, como lo repugnasen los cónsules, y Clodio corriese con hombres armados a la curia, se salieron de ella muchos de los senadores, rasgando sus ropas y mostrándose indignados. Cuando se vió que aquel triste aspecto no excitó ni la compasión ni la vergüenza, y que era preciso, o que Cicerón se fuera desterrado, o que contendiera con las armas con Clodio, recurrió aquél a implorar el auxilio de Pompeyo, que de intento se había retirado, yéndose a la posesión que tenía junto al monte Albano. Para esto envió primero a su yerno Pisón a fin de que intercediese con él; y después subió el mismo Cicerón. Cuando lo supo Pompeyo no pudo sufrir que se le presentara, poseído de una gran vergüenza, al considerar que Cicerón había sostenido en la República por él grandes contiendas, y le había servido en muchos negocios; pero siendo yerno de César, por complacer a éste se desentendió del debido agradecimiento, y saliéndose por otra puerta, evitó la visita. Cicerón, abandonado por él de esta manera, y careciendo de arrimo, acudió a los cónsules, de los cuales Gabinio siempre se le mostró desafecto, pero Pisón le hizo mejor recibimiento, exhortándole a salir de Roma, sustrayéndose de la violencia y poder de Clodio, y a llevar resignadamente la mudanza de los tiempos, para poder ser otra vez el salvador de la patria, puesta por inclinación a él en tales turbaciones e inquietudes. Oída por Cicerón esta respuesta, conferenció sobre lo hacedero con sus amigos, y Lúculo era de dictamen que no se moviera, porque vencería; pero otros le aconsejaban la fuga, en el concepto de que bien presto el pueblo lo echaría de menos, luego que no pudiera aguantar las locuras y furores de Clodio. Este fué el partido que adoptó Cicerón, y subiendo al Capitolio la estatua de Minerva que tenía trabajada en casa mucho tiempo había, y a la que daba gran veneración, la consagró a la diosa con esta inscripción: "A Minerva, protectora de Roma." Valióse de algunos de sus amigos para que le acompañaran, y a la media noche salió de la ciudad, haciendo su viaje a pie por la Lucania con deseo de verse en la Sicilia.

Cuando ya se supo de cierto que había huído, Clodio hizo dar contra él decreto de destierro y promulgar edicto, por el que se le vedaba el agua y el fuego, y se mandaba que nadie lo recibiera bajo techado a quinientas millas de Italia. A muchos no les servía de detención este edicto para dar muestras de respeto a Cicerón, para obsequiarle y para acompañarle; pero en Hiponio, ciudad de la Lucania, que ahora se llama Vibon, el siciliano Vibio, que había disfrutado en muchas cosas de la amistad de Cicerón, y en el consulado de éste había sido nombrado prefecto de artesanos, no le admitió en su casa, y sólo le indicó una posesión, a la que podría acogerse; y Cayo Virginio, pretor de la Sicilia, a quien Cicerón había hecho también grandes favores, le escribió que no tocara en aquella isla. Desconcertado en sus planes con estos desengaños, se dirigió a Brindis, y pasando de allí con viento hecho a Dirraquio, como durante el día soplase viento contrario de mar, regresó al punto, y otra vez volvió a dar la vela. Se dice que en esta travesía, cuando ya estaba para saltar en tierra, hubo a un tiempo terremoto y retirada de las aguas del mar, sobre lo que pronosticaron los agoreros que no sería largo su destierro, porque aquéllas eran señales de mudanza. Visitábanle muchos por afecto, y las ciudades griegas competían unas con otras en demostraciones; pero, a pesar de eso, siempre estaba desconsolado y triste, teniendo, como los enamorados, puestos los ojos en Italia, y mostrándose demasiado abatido y con apocado ánimo en aquel infortunio, lo que nadie habría esperado de un hombre de su instrucción y doctrina, que muchas veces rogaba a sus amigos no le llamaran orador sino filósofo; porque la filosofía la había elegido por ocupación, y la oratoria no la empleaba sino como un instrumento útil en el gobierno. Decía asimismo que la gloria era propia para borrar en el alma, como si fuera una tintura, todo buen discurso, inoculando en los que mandan todas las pasiones de la muchedumbre, con la conversación y el trato, a no estar el hombre muy sobre sí, para que cuando se entrega a los negocios, tome sí parte en éstos, pero no en las pasiones y afectos que van con los negocios.

Clodio, luego que alejó a Cicerón, quemó sus quintas y le quemó la casa, edificando en el sitio el templo de la Libertad. Quiso vender asimismo su hacienda, haciéndola pregonar todos los días, porque nadie se presentaba a hacer postura. Terrible con estos hechos a los del Senado, y asistido del favor del pueblo, ya ensayado por él a la insolencia y al desenfreno, asestó sus tiros contra Pompeyo, empezando por desacreditar algunas de las disposiciones tomadas por él en el ejército. Perdió con esto de su opinión y ya se reprendía a sí mismo de haber aban_ donado a Cicerón, por lo que arrepentido trabajaba por todos medios en procurar su vuelta por sí y por sus amigos. Oponíase Clodio, y el Senado decretó que no se daría curso a ningún negocio público, ni se aprobaría nada mientras no se acordase la vuelta de Cicerón. En el consulado de Léntulo tomó tal incremento la sedición, que los tribunos de la plebe fueron heridos en la plaza, y Quinto, el hermano de Cicerón, quedó tendido entre los cadáveres por muerto. Empezó ya con esto a desengañarse el pueblo, y siendo el tribuno Antonio Milón el primero que se atrevió a llevar al tribunal a Clodio por causa de violencia pública, muchos acudieron a ponerse al lado de Pompeyo, así de la plebe como de las ciudades comarcanas. Presentóse con éstos, y arrojando a Clodio de la plaza, dispuso que pasaran a votar los ciudadanos, y se dice que nunca se vió una votación del pueblo tan uniforme. Yendo el Senado a competencia con el pueblo, decretó que se dieran las gracias a todas las ciudades que habían obsequiado a Cicerón durante su destierro, y que sus quintas y su casa, arrasadas por Clodio, fueran de nuevo levantadas a expensas del Erario. Volvió Cicerón a los dieciséis meses de destierro, y fué tanto el goce de las ciudades, y tal el ansia y esmero que en recibirle ponían los habitantes que aun anduvo corto el mismo Cicerón cuando dijo que tomándolo en hombros la Italia, lo había traído a Roma. El mismo Craso, que había sido enemigo de Cicerón antes del destierro, salió también entonces a recibirle y se reconcilió con él, en obsequio, decía, de su hijo Publio, que era uno de los admiradores de Cicerón.

Había aún corrido poco tiempo y valiéndose de que Clodio se hallase fuera de la ciudad subió Cicerón con algún acompañamiento al Capitolio, y echó por el suelo e hizo pedazos las tablas tribunicias, que eran los registros de las operaciones de los tribunos. Increpóle sobre esto Clodio; y respondiéndole Cicerón que había sido contra ley el que de los patricios hubiera pasado al tribunado de la plebe, y que por tanto no debía tener valor nada de lo hecho por él, se ofendió de esta respuesta Catón y la contradijo, no porque se pusiese de parte de Clodio, o dejase de estar mal con sus tropelías, sino por parecerle duro y violento que el Senado decretase la abrogación de tantas y tales determinaciones y decretos, entre los que se contaba el encargo que el mismo Catón había desempeñado en Chipre y Bizancio. Desde entonces conservó con él Cicerón cierta indisposición, la cual, sin embargo, no pasó nunca a hecho ninguno público, ni a otra cosa que a tratarse con cierta tibieza.

Sucedió después que Milón mató a Clodio; y siguiéndole causa de homicidio, nombró por su defensor a Cicerón. El Senado, por temor de que puesto en riesgo un hombre ilustre y altivo como Milón, se moviera algún alboroto en la ciudad, permitió a Pompeyo que presidiera éste y otros juicios, procurando tranquilidad al pueblo y seguridad a los jueces. Guarneció éste antes del día la plaza y todas sus avenidas con soldados, y Milón, recelando que Cicerón, turbado con aquel nunca usado espectáculo, podría estar menos feliz en su discurso le persuadió que haciéndose llevar a la plaza en litera, esperara allí tranquilamente hasta que se hubiesen reunido los jueces y se llenase la audiencia. Mas él, a lo que parece, no sólo no era muy osado entre las armas, sino que hablaba siempre en público con miedo, y con dificultad se vió libre de la agitación y el temblor, hasta que a fuerza de esta clase de contiendas su elocuencia adquirió firmeza y asiento. Aun así defendiendo a Licinio Murena, acusado por Catón, con el empeño de exceder a Hortensio, que había sido muy aplaudido, no descansó un momento en toda la noche y quebrantado con el demasiado estudio y la falta de sueño, fué tenido por inferior a aquél. Entonces, pues, saliendo de la litera para la causa de Milón al ver a Pompeyo sentado en el tribunal como en un ejército, y toda la plaza alrededor llena de resplandecientes armas, se asustó sobremanera, y con gran trabajo pudo empezar a hablar, temblándole todo el cuerpo y con la voz entrecortada; cuando el mismo Milón asistió al juicio con arrogancia y serenidad sin haber querido dejarse crecer el cabello ni tomar el vestido de duelo, lo que parece no haber sido la menor causa de que se le condenase. Mas en esta ocasión antes se acreditó Cicerón de buen amigo que de tímido y cobarde.

Hízosele del número de aquellos sacerdotes que los romanos llaman Augures en lugar de Craso el joven, después de haber éste fallecido a manos de los Partos. Tocándole después por suerte en la distribución de las provincias la Cilicia con un ejército de doce mil infantes y dos mil y seiscientos caballos, se embarcó para pasar a ella, llevando también el encargo de reducir la Capadocia a la sumisión y obediencia del rey Ariobarzanes. Compuso y arregló estos negocios a satisfacción de todos, sin necesidad de recurrir a las armas; y viendo a los de Cilicia inquietos y desasosegados con el descalabro experimentado por los romanos en la guerra de los Partos y con las novedades de la Siria, los trajo al orden con usar de blandura en su mando. No recibió dones algunos aun de los mismos reyes, y quitó aquellos convites que eran de estilo en las provincias. A los que le honraban y favorecían los obsequiaba teniéndolos a su mesa y dándoles de comer, no con lujo, pero tampoco con escasez y mezquindad. Su casa no tenía portero, ni nadie le vió tampoco sentado, sino que desde muy temprano en pie, o paseándose delante de su cuarto, recibía a los que iban a visitarle. Dícese que no castigó a ninguno ignominiosamente con las varas, ni le rasgó la ropa, ni por enfado le dijo una mala palabra, o le impuso multa que pudiera injuriarle. Encontró que gran parte de los caudales públicos habían sido usurpados; y poniendo en ellos orden, hizo que las ciudades floreciesen, sin que por eso los que tenían que pagar fueren vejados ni molestados, ni dejasen de conservar su estimación. También tuvo que hacer la guerra, derrotando unos aduares de ladrones que tenían sus guaridas en el monte Amano, con cuyo motivo fué de los soldados saludado emperador. Pidióle a esta sazón el orador Cecilio que le enviara leopardos de Cilicia para cierto espectáculo; y él, aludiendo con alguna jactancia a los hechos de esta guerra, le escribió que ya no los había en la Cilicia, habiendo huído a la Curia, incomodados de que a ellos solos se les hiciera la guerra, cuando todo lo demás estaba en paz. Al retirarse de la provincia pasó algún tiempo en Rocas, y también con gran placer se detuvo en Atenas por el deseo de sus antiguos estudios. Trató, pues, a los hombres más célebres de aquel tiempo por su sabiduría; saludó a sus amigos y conocidos; y admirado de la Grecia, según su sobresaliente mérito, volvió a Roma a tiempo que las agitaciones de la República, como tumor próximo a reventar, estaban a punto de romper en la guerra civil.

Habiéndosele decretado el triunfo, dijo en el Senado que le sería muy dulce seguir a César en la pompa después de hechas las paces; y en particular daba consejos a César escribiéndole continuamente, e interponía ruegos con Pompeyo, procurando templar y apaciguar a uno y a otro. Mas cuando ya llegó el caso del rompimiento, y viniendo César contra Roma, Pompeyo no le aguardó, sino que abandonó la ciudad, y con él muchos y muy principales ciudadanos; no habiéndose decidido Cicerón a esta fuga se creyó que abrazaba el partido de César. Y no tiene duda que estuvo batallando consigo, y meditando mucho sobre a cuál de los dos se inclinaría, porque escribe en sus cartas: "¿A qué lado me volveré cuando Pompeyo tiene para la guerra el motivo más glorioso y honesto; pero César se ha de conducir mejor en esta terrible crisis, y ha de saber hacer más por su salud y por la de sus amigos? De manera que sé de quién he de huir, mas no a quién me estará mejor el acogerme." Escribióle en esto Trebacio, uno de los amigos de César, diciéndole que, según el dictamen de éste, debía ser de su partido, y entrar a la parte en sus esperanzas; pero que si por la vejez no quería correr peligro podía retirarse a la Grecia, y allí esperar tranquilamente los sucesos, apartándose de ambos; y picado de que el mismo César no le hubiese escrito, respondió enfadado, que no haría nada que no correspondiese a su anterior conducta pública. Esto es lo que se lee en sus cartas.

Así, cuando César marchó a España, él al punto se embarcó para ir en busca de Pompeyo; y fué de todos muy bien recibido, sino solamente de Catón, quien le hizo graves reconvenciones por haberse adherido al partido de Pompeyo, porque decía que al mismo Catón no le habría estado bien el abandonar el partido que eligió desde el principio;

pero que Cicerón podía haber sido más útil a la patria y a los amigos, si permaneciendo en Roma, hubiera tirado a sacar partido de los sucesos, y no que ahora neciamente y sin ninguna necesidad se había hecho enemigo de César, y se había venido a meter en medio de tan gran peligro. Estas observaciones hicieron a Cicerón mudar de modo de pensar, y también el no haberle empleado Pompeyo en nada de importancia; pero de esto último él tenía la culpa con no negar que estaba arrepentido, con desacreditar las disposiciones de Pompeyo, con vituperar en las conversaciones todos sus proyectos, y con no poderse contener de chistes y burlas pesadas contra los mismos que participaban de su suerte, pues andando él siempre triste y con ceño por el campamento, quería hacer reír a los que no estaban para ello. Pero será mejor referir aquí algunos de aquellos inoportunos chistes. Presentó Domicio para que fuese admitido entre los jefes a uno que era militar, y diciendo para recomendarle que era hombre de arreglada conducta y muy prudente: "¿Pues por qué no le guardas, le repuso, para tutor de tus hijos?" Celebrando algunos a Teafanes de Lesbos, que era en el ejército prefecto de los artesanos por haber dado excelentes consuelos a los Rodios en ocasión de haber perdido su armada: "¿De qué nos sirve, dijo Cicerón, tener un prefecto griego?" Llevaba regularmente César lo mejor en los encuentros, y en cierta manera los tenía cercados; y diciendo Léntulo tener noticia de que los amigos de César andaban cabizbajos: "Eso es decir, respondió Cicerón, que están mal con César." Acababa de llegar de Italia un tal Marcio, y como dijese que la opinión que se tenía en Roma era que Pompeyo estaba cercado: "¿Conque has hecho tu viaje, le repuso, para asegurarte por tus ojos de si es cierto?" Diciendo después de la derrota Nonio que debían tener buena esperanza, porque en el campamento de Pompeyo habían quedado siete águilas: "Eso sería muy bueno, le replicó Cicerón, si hiciéramos la guerra a los grajos." Apoyándose Labiano en ciertos oráculos para sostener que Pompeyo sería vencedor: "Sí, le respondió, con esa estratagema acabamos de perder el campamento."

Dada la batalla de Farsalia, en la que no se halló por estar enfermo, y habiendo huído Pompeyo, Catón, que había reunido en Dirraquio bastantes fuerzas de tierra y una grande armada, deseaba que Cicerón tomara el mando, a causa de corresponderle por la ley, estando adornado de la dignidad consular; pero repugnándolo éste, y huyendo enteramente de continuar la guerra, estuvo en muy poco que no se le quitara la vida, llamándole traidor Pompeyo el joven y sus amigos, y desenvainando resueltos las espadas, a no haber sido porque Catón se puso de por medio y le sacó del campamento. Arribó a Brindis, y allí se detuvo esperando a César, que tardó en llegar a Italia, por haberle llamado los negocios al Asia y al Egipto. Cuando supo que había desembarcado en Tarento, y que desde allí se dirigía por tierra a Brindis, le salió al encuentro, no sin alguna esperanza, aunque avergonzado de tener que ir a mirar la cara de un enemigo victorioso a presencia de muchos; pero no le fué necesario decir o hacer cosa que no le estuviese bien, porque César, luego que vió que adelantándose a los demás iba a recibirle, se apeó, le abrazó y caminó hablando con él solo algunos estadios. Desde entonces siempre le tuvo consideración y lo trató con aprecio; tanto, que en el libro que escribió contra el elogio que de Catón había formado Cicerón, le celebró este mismo opúsculo, y tributó alabanzas a su vida, que dijo tenía gran semejanza con las de Pericles y Teramenes. Intitulóse el escrito de Cicerón *Catón, y Anticatón,* el de César. Refiérese que siendo acusado Quinto Ligario por haber sido uno de los enemigos de César, y defendiéndole Cicerón dijo César a sus amigos: ¿Qué inconveniente hay en oír al cabo de tanto tiempo a Cicerón, cuando su cliente está ya juzgado tan de antemano por malo y por enemigo?" Mas, sin embargo, Cicerón desde que empezó a hablar movió extraordinariamente su ánimo, y habiendo sido aquella oración maravillosa en la parte de excitar las pasiones, y en la gracia de la elocución, observaron todos que César mudó muchas veces de color, y que se hallaba combatido de diferentes afectos. Finalmente, cuando el orador llegó a tratar de la batalla de Farsalia, su agitación fué violenta hasta temblarle todo el cuerpo, y caérsele algunos memoriales de la mano; de modo que vencido de la elocuencia, absolvió a Ligario de la causa.

Desde aquella época, habiendo el gobierno degenerado en Monarquía, retirado de los negocios públicos, se dedicó a la filosofía con los jóvenes que quisieron cultivarla; que siendo de los más ilustres y principales, por su trato con ellos volvió a tener en la ciudad el mayor influjo. Habíase aplicado a escribir y a traducir diálogos filosóficos, trasladando a la lengua latina los nombres usados en la dialéctica y la física, porque se dice haber sido el primero que introdujo los nombres de *fantasía, catatesis, época, catalepsis,* y además *átomo, ameres* y *que non* (¹), a lo menos el que más los dió a conocer a los romanos, usando de metáforas y de otras expresiones acomodadas con singular industria y diligencia. Divertíase con poner a veces en ejercicio la gran facilidad que tenía en hacer versos, pues se dice que cuando le daba esta humorada hacía en una noche quinientos. Habiendo pasado la mayor parte de este tiempo en su quinta Tusculana, escribió a sus amigos que hacía la vida de Laertes, o por juego y chiste, como lo acostumbraba, o por prurito de ambición de mando, no llevando bien el retiro. Rara vez venía a la ciudad como no fuese para visitar a César; y entonces era el primero que suscribía a los honores que se le decretaban, y que decía alguna cosa nueva en elogio de su persona y de sus hechos, como fué la relativa a las estatuas de Pompeyo, que César mandó levantar y colocar, habiendo sido antes derribadas, porque dijo Cicerón que César con este acto de humanidad levantaba las estatuas de Pompeyo para afirmar más las suyas.

Tenía pensado, según se dice, escribir la Historia romana, entretejiendo con ella gran parte de la griega, y recogiendo todas las fábulas y relaciones que corrían; pero vinieron a impedírselo negocios y sucesos públicos y privados, de los cuales la mayor parte parece que se los atrajo por su gusto. Porque, en primer lugar, repudió a su mujer Terencia por no haber hecho cuenta de él durante la guerra, hasta el punto de haberle dejado marchar sin nada de lo que necesitaba para el viaje, y por no haberle dado muestras ningunas de aprecio y amor cuando regresó a Italia, pues habiéndose detenido mucho tiempo en

---

(¹) Significan estos nombres: visión interior, asenso, detenimiento del asenso, comprensión, átomo, lo que no tiene partes y el vicio.

Brindis, no pasó a verle; y a la hija cuando fué no le dió para un camino tan largo las prevenciones y acompañamiento que eran correspondientes a una joven de su calidad y sin embargo le dejó la casa vacía y desprovista de todo, sobre haber contraído muchas y grandes deudas, porque éstas fueron las causas más honestas que se pretextaron para este divorcio. Negábalas Terencia, y el mismo Cicerón fué quien mejor hizo su apología, casándose de allí a poco con una doncella, según Terencia lo hizo correr, prendado de su figura; pero según escribió Tirón, liberto de Cicerón, por mira de mejorar su casa y pagar sus deudas. Porque aquella joven era muy rica, y Cicerón, que tenía su herencia en fideicomiso, por este medio la conservó en su poder. Como debiese, pues, grandes sumas, sus amigos y deudos le indujeron a que en una edad ya impropia se casara con aquella mocita y se librara de los acreedores, echando mano de sus bienes; pero Antonio, haciendo mención de este casamiento en sus oraciones contra las Filípicas, dice que echó de su lado a una mujer en cuya compañía se había hecho viejo, motejándole con gracia que había sido un hombre que se había estado metido en casa ocioso y sin hacer el servicio militar. Después de este casamiento, a poco tiempo de él, se le murió de soreparto la hija casada con Léntulo, con quien se había enlazado después de la muerte de Pisón, su primer marido. Acudieron de todas partes los filósofos a dar consuelo a Cicerón, tan sentido por la muerte de la hija, que repudió a su nueva esposa, por parecerle que se había alegrado de la muerte de Tulia.

Estos fueron los sucesos domésticos de Cicerón, el cual ninguna parte tuvo en la conjuración para la muerte de César, no obstante ser uno de los mayores amigos de Bruto, hacérsele insoportable el estado en que habían venido a parar las cosas, y parecer que deseaba el restablecimiento de la República como el que más; y es que los conjurados habían temido a su carácter falto de valor, y a aquel desgraciado tiempo en que aun los más firmes y mejor constituídos habían perdido la resolución y osadía. Ejecutado aquel hecho por Bruto y Casio, como los amigos de César se tumultuasen, y volviese a renacer el miedo de que la ciudad cayese otra vez en la guerra civil, Antonio, que era cónsul, congregó el Senado y habló brevemente de concordia; pero Cicerón, extendiéndose más acerca de lo que las circunstancias exigían, persuadió al Senado a que, imitando lo que en caso igual se había hecho en Atenas, publicase una amnistía con motivo de lo ocurrido con César, y a Casio y Bruto les asignara provincias. Mas esto no sirvió de nada, porque el pueblo, que ya por sí mismo se había movido a compasión cuando vió que pasaba por la plaza el cadáver, y Antonio le mostró la túnica de César llena de sangre y acribillada a puñaladas, furioso y ciego de ira, en la misma plaza anduvo buscando a los matadores, y con tizones encendidos corrieron muchos a las casas de éstos para darles fuego; y aunque de este peligro se salvaron con guardarse y precaverse, temiendo otros muchos no menores que él, tuvieron que abandonar la ciudad.

Esto dió osadía a Antonio, y si a todos infundió temor, pareciéndoles que usurparía una autoridad monárquica, mucho mayor se le causó a Cicerón, porque viendo que el poder de éste en la República había adquirido fuerza, y sabiendo que era del partido de Bruto, abiertamente se mostraba incomodado con su presencia; además de que siempre estaban recelosos el uno del otro por la desemejanza de su conducta y por sus antiguas disensiones. Temeroso, pues, Cicerón, intentó primero pasar de legado con Dolabela a la Siria, pero habiéndole rogado los que después de Antonio iban a ser cónsules, Hircio y Pansa, varones de probidad y amantes de Cicerón, que no los abandonase, pues le ofrecían oprimir a Antonio si él se quedaba; no creyéndolos del todo, ni tampoco dejándolos de creer, no hizo ya cuenta de Dolabela; y diciendo a Hircio que se iba a pasar el estío en Atenas, y que cuando hubiesen entrado en su cargo volvería, sin más autorización se dispuso para aquel viaje. Hubo detenciones en la navegación, y llegando desde Roma nuevos rumores cada día a medida de su deseo: que en Antonio se notaba grande mudanza; que todo lo hacía y disponía por medio del Senado, y que no faltaba otra cosa que su presencia para que los negocios se pusieran en el mejor orden, reprendiéndose a sí mismo de sus recelos y temores, regresó otra vez a Roma, y lo que es por lo pronto no le salieron vanas sus esperanzas, porque fué tanto el gentío que con el gozo y el deseo salió a recibirle, que casi se consumió todo el día a la puerta en abrazos y salutaciones. Mas al día siguiente, congregando Antonio el Senado, y pasándole aviso, no concurrió, sino que se quedó en cama, excusándose con que estaba fatigado del viaje; pero a lo que parece lo que verdaderamente lo detenía era el temor de alguna asechanza, por cierta indicación y sospecha que se le había dado en el camino. Antonio se mostró muy ofendido de esta calumnia, e iba a enviar soldados con orden de que lo trajeran o le quemaran la casa; pero instándole y rogándole muchos, se convino en que sólo se le tomaran prendas. De allí en adelante se pasaban de largo cuando se encontraban, sin decirse nada el uno al otro, y estaban en mutuas sospechas, hasta que habiendo llegado de Apolonia César el joven, admitió la herencia del otro César, y por veinticinco cientos de dracmas que Antonio tenía en su poder de los bienes de éste, se indispuso con él.

En consecuencia de esto, Filipo, que estaba casado con la madre del nuevo César, y Marcelo con la hermana, habiéndose dirigido con aquel joven a Cicerón, se convinieron en que se prestarían mutuamente, Cicerón a éste en el Senado y ante el pueblo el poder que nace de la elocuencia y la política; y éste a Cicerón la seguridad que dan las riquezas y las armas, pues ya tenía aquel joven a sus órdenes no pocos de los que habían hecho la guerra con César; además de que se tiene por cierto haber entrado Cicerón con un vivo deseo en la amistad de César. Porque, según parece, en vida todavía de Pompeyo y Julio César, se le figuró en sueños a Cicerón que llamaba al Capitolio a algunos hijos de los senadores, con el objeto de que Júpiter designara a uno de ellos por caudillo de Roma; que los ciudadanos estaban en grande expectación alrededor del templo, y aquellos niños en toga pretexta sentados a la puerta. Abrióse ésta repentinamente, y los niños se fueron levantando de uno en uno, y dieron la vuelta alrededor de la estatua del Dios, que los estuvo mirando atentamente, y los despidió descontentos; mas luego que éste se le acercó, alargó la diestra y dijo: "Romanos, éste dará fin a la guerra civil, siendo vuestro caudillo."

Habiendo, pues, tenido Cicerón este ensueño, se dice que retuvo y conservó viva la imagen del niño, aunque no sabía quién era; pero habiendo bajado al día siguiente al campo de Marte cuando los jóvenes volvían de ejercitarse, éste fué el primero que vió cual en el sueño se había ofrecido a su imaginación, y admirado le preguntó quiénes eran sus padres. Era su padre Octavio, no de los más ilustres, y su madre Acia, sobrina de César; por lo que no teniendo éste hijos, le dejó por su testamento su hacienda y su casa. Desde entonces dicen que Cicerón veía con gusto a este niño, y le mostraba afecto, y él correspondía a sus demostraciones, porque hacía también la casualidad que había nacido el año en que Cicerón fué cónsul.

Estas eran las causas que públicamente se daban; pero al principio el odio a Antonio, y después su carácter que no podía resistir a la ambición, fueron los verdaderos motivos que le unieron a César; creyendo que ganaba para la República el poder de éste, pues se le prestaba tan dócil y sumiso que le llamaba padre. Disgustaba esto de tal manera a Bruto, que en sus cartas a Atico se queja agriamente de Cicerón, a causa de que adulando a César por miedo de Antonio, era claro que en vez de procurar libertad para la patria, sólo buscaba para sí un señor más benigno y humano. Mas a pesar de esto, Bruto se llevó consigo al hijo de Cicerón, que se hallaba en Atenas oyendo las lecciones de los filósofos; y dándole mando le confió algunos encargos que desempeñó con el mejor éxito. Llegó entonces a lo sumo en Roma el poder de Cicerón; y viniendo al cabo de cuanto se propuso, oprimió a Antonio y lo obligó a salir de la ciudad, enviando a los dos cónsules Hircio y Pansa a hacerle la guerra; y obtuvo del Senado que decretara a César las fasces y todo el aparato imperatorio, como que combatía por la patria. Mas como vencido Antonio, y muertos en la guerra ambos cónsules, todo el poder se acumulase en César, temiendo el Senado a un joven a quien tan decididamente favorecía la fortuna, trató de apartar de él las tropas con honores y con dádivas, y debilitar así su poder, bajo el pretexto de que la república no necesitaba de defensores una vez que Antonio había huído. Temió con esto César, y envió quien rogara y persuadiera a Cicerón que procurara para ambos juntos el consulado, y dispusiera de todo como le pareciese, apoderándose de la autoridad, y tomando bajo su dirección a aquel joven, que sólo apetecía adquirir algún nombre y gloria. Confesó el mismo César que temiendo verse arruinado, y considerándose en peligro de que le dejaran solo, echó mano en tal apuro de la ambición de Cicerón, moviéndole a que pidiera el consulado, en el concepto de que él le daría todo favor y auxilio.

Enloquecido entonces y sacado de tino Cicerón, un anciano por aquel mozo, y engañado para que le ayudara en los comicios y le pusiera bien con el Senado, desde luego incurrió en la represión de sus amigos; y a bien poco conoció él mismo que se había perdido y había hecho traición a la libertad de la patria, porque luego que aquel joven vió tan acreditado su poder y se posesionó del consulado, al punto dió de mano a Cicerón; y hecho amigo de Antonio y Lépido, juntando en uno el poder de los tres, partió con ellos la autoridad, como pudiera haber partido una posesión. Proscribieron de muerte sobre doscientos ciudadanos, siendo la proscripción de Cicerón la que produjo entre ellos los mayores altercados, por cuanto Antonio no se daba a partido si no moría el primero; Lépido se adhería a Antonio, y César se oponía a ambos. Tuvieron ellos solos sobre esto juntas reservadas cerca de Bolonia por tres días, reuniéndose en un sitio próximo al campamento, cercado del río. Dícese que habiéndose César mantenido firme en la lid por Cicerón los dos primeros días, cedió por fin al tercero, abandonándole traidoramente. La composición y compensación fué de esta manera: César hizo el sacrificio de Cicerón, Lépido el de su hermano Paulo, y Antonio el de Lucio César, que era tío suyo de parte de madre. Hasta este punto la ira y el furor les hizo perder la razón, no dejando duda de que el hombre es la más cruel de todas las fieras, cuando a las pasiones se une el poder.

Mientras esto pasaba, Cicerón residía en sus campos de Túsculo, teniendo en su compañía a su hermano. Luego que supieron las proscripciones, determinaron trasladarse a Astur, posesión litoral del mismo Cicerón; y desde allí pasar a la Macedonia a ponerse al lado de Bruto, porque las voces que corrían eran de que se hallaba con fuerzas superiores. Caminaban en literas muy abatidos con la pesadumbre; y parándose en el camino, puestas las literas una en par de la otra, se lamentaban juntos de su suerte. El más desalentado era Quinto, a quien afligía además la idea de la falta de prevenciones, porque no había tenido tiempo para tomar nada en casa, y aun Cicerón era bien poco lo que consigo llevaba. Parecióles, pues, que sería lo mejor apresurar Cicerón su fuga, y que Quinto se volviese para proveerse en casa de lo necesario. Así se determinó; y abrazándose uno a otro, entre sollozos y lamentos se despidieron; y Quinto, denunciado vilmente de allí a pocos días por sus esclavos a los matadores, recibió de éstos la muerte, y con él su hijo. Cicerón, conducido a Astur, y encontrando allí un barco, subió en él al punto, y a vela navegó hasta Circeyos. Allí queriendo los pilotos hacerse otra vez al mar, o por temor de la navegación, o por no haber perdido enteramente la confianza en César, saltó en tierra, y anduvo por ella cien estadios, encaminándose a Roma; pero con nuevas dudas, mudó de propósito y se dirigió otra vez hacia el mar. Cogióle la noche, y la pasó en las mayores dudas y aflicciones sin saber qué partido tomar; tanto, que llegó a resolver introducirse secretamente en casa de César, y dándose a sí mismo muerte ante el ara, concitar contra él la ira de los dioses; pero le retrajo de esta idea el temor de los tormentos, si por accidente le echasen mano. Ocurriéndole otros muchos pensamientos, mudando de dictamen a cada punto, y por fin volvió a ponerse en manos de sus esclavos para que por mar le llevasen a Cayeta, donde tenía posesiones y un asilo excelente en el estío, cuando los vientos etesias soplan dulcemente, habiendo en aquel mismo sitio un templete de Apolo sobre el mar. Levantáronse de éste muchos cuervos, que graznando se dirigieron al barco de Cicerón cuando le impelían a tierra con los remos; y colocándose en la antena de una y otra parte, unos graznaban, y otros picoteaban los cabos de las maromas: señal que a todos pareció funesta. Saltó, pues, en tierra Cicerón, y marchando a la quinta se acostó para descansar. Muchos de los cuervos se posaron en la ventana graznando desconcertadamente; y uno de ellos, bajándose al lecho donde Cicerón reposaba con la cabeza cubierta, le destapó la cara, retirando suavemente la ropa con el pico. Los esclavos que esto vieron tuvieron a menos el ser tranquilos espectadores de la muerte de su señor, y que una fiera le diera auxilio y cuidara de él cuando injustamente era maltratado, y ellos no hiciesen nada para salvarle; por lo que ya rogándole, y ya poniéndole por fuerza en la litera, volvieron a conducirle hacia el mar.

Llegaron en esto los matadores, que eran el centurión Herenio y el tribuno Popilio, a quien había defendido Cicerón en causa de parricidio, trayendo consigo algunos ministros. Como hubiesen encontrado cerradas las puertas, las quebraron; y no encontrando a Cicerón, ni dándoles noticia ninguna de él los que allí habían quedado, se refiere que un mozuelo, educado por Cicerón en las letras y ciencias liberales, y que era liberto de su hermano Quinto, llamado Filologo, dijo al tribuno que la litera marchaba por las calles sombreadas con árboles hacia el mar, con lo que el tribuno dió a correr a tomar la salida; pero sintiendo a este tiempo Cicerón que Herenio se acercaba corriendo por el camino que llevaba, mandó a los esclavos que parasen allí la litera. Entonces llevándose, como lo tenía de costumbre, la mano izquierda a la barba, miró de hito en hito a los matadores, teniendo el cabello crecido y desgreñado, y muy demudado el semblante con la demasiada agitación y angustia, de manera que los más se cubrieron el rostro al ir Herenio a darle el golpe fatal; y se le dió habiendo alargado el mismo Cicerón el cuello desde la litera. Tenía entonces la edad de sesenta y cuatro años. Cortóle por orden de Antonio la cabeza y las manos con que había escrito las *Filípicas*, porque Cicerón intituló *Filípicas* las oraciones que escribió contra Antonio, y hasta el día de hoy aquellas oraciones conservan este nombre.

Cuando estos miembros fueron traídos a Roma, se hallaba Antonio celebrando los comicios consulares, y al oír la relación y verlos, exclamó: "¡Ahora que no haya más proscripciones!" Y la cabeza y las manos las hizo poner sobre lo que formaba barandilla en la tribuna; ¡espectáculo terrible para los romanos!, en el que no tanto era el rostro de Cicerón lo que veían, como la imagen del ánimo de Antonio; el cual tuvo, sin embargo, en estos sucesos un sentimiento laudable, que fué el de haber hecho entrega del liberto Filologo a Pomponia, mujer de Quinto. Esta, luego que le tuvo en su poder, además de otros castigos con que le atormentó, le fué cortando poco a poco las carnes, las asó y se las hizo comer, porque así es como lo refieren algunos historiadores, aunque el liberto del mismo Cicerón, Tirón, ni memoria siquiera hace de la traición de Filologo. Se me ha asegurado que algún tiempo después, entrando César en la habitación de uno de sus nietos, lo encontró con un libro de Cicerón en la mano, y que asustado trató de ocultarle debajo de la ropa; que advertido esto por César, le tomó, y habiendo leído en pie una gran parte de él, se lo devolvió a aquel joven, diciéndole: "Varón docto, hijo mío, varón docto y muy amante de su patria." Poco más adelante, venció César a Antonio, y siendo cónsul, nombró por su colega al hijo de Cicerón, en cuyo consulado hizo el Senado quitar las estatuas de Antonio, anuló todos los honores que se le habían concedido y decretó que en adelante ninguno de la familia de los Antonios pudiera tener el nombre de Marco. Por este medio parece que una superior providencia reservó para la casa de Cicerón el fin del castigo de Antonio.

Nota del Editor. — La *Vida de Cicerón* que precede, es un capítulo de las *Vidas Paralelas* de Plutarco, en la versión castellana realizada en 1821 por D. Antonio Ranz Romanillos.

CATÓN EL MAYOR

o

DIÁLOGOS

SOBRE LA VEJEZ

ARGUMENTO

En este diálogo enseña Catón el Censor a Escipión y a Lelio a llevar con resignación los achaques que trae consigo la vejez. Establece por principio que los fundamentos de una vejez suave y feliz se han de echar muy de antemano en la mocedad. Reduce a cuatro especies los trabajos que algunos suelen pasar en la vejez, y de que se lamentan, que son: que están excluídos los viejos del manejo de los negocios; que se les debilitan mucho las fuerzas; que no pueden gozar de los placeres de la vida, y que tienen cerca la muerte. Catón, haciéndose cargo de todo cuanto se dice para confirmar cada una de estas causas de las miserias de la vejez, responde a ellas y prueba que ninguna es parte para hacer miserables a los viejos, sino que, al contrario, serán muy felices si han sabido arreglar bien la mocedad, de la cual provienen todos los trabajos y fatalidades que por lo común se experimentan en la vejez.

CAPÍTULO PRIMERO

Expone Cicerón las razones que tuvo para componer este diálogo.

¿Qué premio me darás, Pomponio amigo,
si te aliviare en algo ese cuidado
que el corazón te aflige y atormenta?

Porque bien puedo yo hablarte con los mismos versos con que hablaba antiguamente a Flaminino aquel

Pobre de bienes; de virtudes rico (1)

Aunque estoy cierto que no eres tú como él:

Día y noche de penas afligido.

Porque conozco la moderación e igualdad de tu ánimo; y entiendo que has traído de Atenas no sólo el renombre de Atico, sino también la afabilidad y prudencia. Pero no obstante, sospecho que sientes a veces las mismas cosas que me hacen a mí fuerte y molesta impresión, cuyo consuelo es de mayor empresa, y queda para otro tiempo. Ahora me ha parecido escribirte alguna cosa sobre la vejez. Porque

(1) Enio.

deseo hacerte llevadera esta carga, común a mí también, de la vejez, que ya nos oprime o nos viene amenazando: aunque no tengo duda que tú la llevas, y la llevarás con moderación y prudencia, como todas las cosas. Pero cuando yo pensaba en escribir este libro sobre la vejez, me ocurrías tú, como digno de este don, que fuese igualmente provechoso a entrambos. A mí, a la verdad, me ha sido de tanto gusto la composición de este libro, que no solamente me ha quitado todas las molestias de la vejez, sino que me la ha vuelto dulce y agradable.

Nunca, pues, será bastante alabada la filosofía, que puede hacer pasar sin inquietudes toda la vida a cualquiera que se conformare con sus máximas. Pero ya otras veces he hablado de otras utilidades suyas, y hablaré más adelante. Ahaora te dedico este libro de la vejez; cuyo discurso atribuyo, no a Titono, como hace Aristón de Chío (¹), temiendo que tendría poca autoridad, como cosa de fábula, sino a Marco Catón el Viejo, para que sea más recomendable su razonamiento. En presencia de quien introduzco a Lelio y a Escipión, admirándose de cuán dulcemente lleva este varón su vejez, y a él respondiéndoles. El cual, si te parece que habla con más erudición de la que acostumbró en sus libros, atribúyelo al estudio de la lengua griega, pues sabemos que en sus últimos años se dedicó a ella con muchísima intención. Pero, ¿para qué me canso, cuando el mismo discurso de Catón te explicará toda mi opinión acerca de la vejez?

(¹)   Filósofo estoico que escribió un diálogo de la vejez, en el cual introdujo a Titono, hijo de Laomedonte, rey de Troya, el cual, por beneficio de la Aurora, vivió muchísimos años, según cuentan las fábulas, hasta que cansado de vivir, rogó a los dioses que le transformaran en cigarra.

CAPÍTULO II

Escipión y Lelio se admiran de la resignación con que lleva Catón su vejez, y le piden que les enseñe a soportarla para cuando lleguen a viejos.

ESCIPIÓN: Muchísimas veces me admiro, Marco Catón, con mi amigo C. Lelio, así de tu excelente y perfecta sabiduría en otras cosas, como en especial de que jamás he conocido que te sea molesta la vejez; la cual a otros viejos es tan odiosa, que les parece tienen sobre sí una carga más pesada que el Etna.
CATÓN: Cierto, Escipión y Lelio, que os admiráis de una cosa bien fácil, a mi parecer. Porque los que no tienen auxilios dentro de sí mismos para vivir contentos y felices, a éstos todas las edades les son pesadas; pero los que buscan todos los bienes dentro de sí mismos, no les puede parecer mal ninguno de aquellos que trae consigo la necesidad de la naturaleza, pues uno de éstos es la vejez, la cual todos desean, y en llegando a ella, la echan la culpa de sus trabajos: tanta es la inconstancia, y tal el desconcierto de la necedad de los hombres Dicen que se les entró en casa más presto de lo que pensaban. En primer lugar, ¿quién los obligó a engañarse? Porque, ¿por ventura se entra más pronto la vejez después de la mocedad, que ésta después de la adolescencia? Y, además, ¿qué más tolerable les parecería a éstos la vejez si hubiesen llegado a los ochocientos años que a los ochenta? Porque la edad anterior, aunque hubiese sido larga, en habiéndose pasado, de ningún consuelo podría servir a un viejo de poco entendimiento.

Y así, si os admiráis de mi sabiduría (¡que ojalá fuera tal como vosotros juzgáis, y correspondiera a la fama con que otros me honran!), en esto soy sabio, en que sigo en todo a la naturaleza, que es la mejor maestra de la vida, como a un dios, y obedezco sus preceptos; la cual no es verosímil que habiendo distribuído con tan diligente orden las otras partes de la vida, se haya descuidado, como un mal poeta, en la última jornada. Pero preciso es que haya de haber algún fin, y algo de marchito y caduco, como en todos los frutos de la tierra y de los árboles, cuando están ya maduros y en su sazón; y esto lo ha de sufrir un sabio con paciencia. Porque, ¿qué quiere decir pelear con los dioses, como los gigantes, sino repugnar a la naturaleza? Lelio: Pues, Catón, nos darás un gran placer, saliendo yo por fiador de que también lo desea Escipión, porque esperamos, o a lo menos queremos hacernos viejos, si nos enseñares tú mucho antes por qué medios podremos llevar la vejez con más facilidad. Catón: Lo haré, Lelio, particularmente si ha de ser, como dices, gustoso a ambos a dos. Escipión: Queremos ciertamente que nos digas, Catón, si no te es molesto, cómo has concluído un viaje largo, que nosotros hemos de comenzar, qué tal es el estado donde tú has llegado ya.

CAPÍTULO III

Quejas de los viejos: no deben éstas imputarse a la edad, sino a las costumbres: cuáles son los auxilios de la vejez.

Catón: Lo haré como pueda, Lelio; porque muchas veces me hallé presente a las quejas de otros de mi edad (pues como dice el adagio antiguo, cada oveja con su pareja), con que se lamentaban C. Salinator y Esp. Albino, consulares casi de mi tiempo: ya porque carecían de los deleites, sin los cuales juzgaban que era la vida intolerable, ya porque vivían despreciados de aquellos mismos que antes los solían respetar. Los cuales no me parecía a mí que acusaban lo que debían acusar. Porque si esto aconteciera por culpa de la vejez, me sucedería a mí lo mismo, y a todos los demás viejos; y he conocido yo a muchos que ninguna queja tenían de la vejez, que no llevaban a mal verse libres de los lazos de los deleites, y que no los despreciaban sus amigos antiguos. Pero de todas estas quejas, no está la culpa en la edad, sino en las costumbres. Porque los viejos moderados, tratables y no impertinentes, pasan suavemente la vejez; mas la impertinencia y mala condición a todos enfada, de cualquiera edad que sean.

Lelio: Es verdad, Catón. Pero acaso dirá alguno que a ti te parece tolerable la vejez por tus riquezas y abundancia, y por tu dignidad: lo cual no pueden muchos lograr. Catón: Algo importa eso, Lelio; pero no consiste en eso toda la dificultad, como dicen que respondió Temístocles a un serifio, que le echaba en cara que se había hecho famoso, no por su nobleza propia, sino por el lustre de su patria. Es verdad, le dijo, que ni yo sería esclarecido, si fuera serifio, ni tú, aunque fueras ateniense, lo serías jamás; lo que se puede aplicar muy bien a la vejez. Porque ni puede ser tolerable la vejez en una suma pobreza a un sabio, ni puede dejar de ser pesada a un necio, aun en la mayor opulencia. Las artes y ejercicios de las virtudes, Escipión y Lelio, son las armas más propias de la vejez, las cuales, cultivadas por todo el tiempo de la vida, dan maravillosos frutos, habiendo vivido largos años; no sólo porque jamás le desamparan a uno, ni aun en el último extremo de la vida (cosa que es de mucha satisfacción), sino porque da mucho gozo la seguridad de haber vivido bien, y la memoria de muchas buenas obras.

CAPÍTULO IV

Amor que tuvo Catón a Q. F. Máximo: alabanzas de éste.

En mi juventud amaba yo a Quinto Máximo, ya viejo, aquel que recobró a Tarento, como si fuera de mi edad. Tenía aquel hombre una gravedad natural, templada con gran cortesanía, y no le había hecho mudar de costumbres la vejez; aún cuando empecé yo a tratarle, no era todavía muy viejo; pero ya bien entrado en días. Porque yo nací el año después que él fué cónsul la primera vez; y en su cuarto consulado me fuí con él de soldado a Capúa, siendo todavía joven, y cinco años después a Tarento; cuatro años después me nombraron cuestor en el consulado de Tuditano y Cetego, a cuyo tiempo, siendo ya él muy viejo, persuadió la ley cincia (¹) sobre los donativos y regalos. Este hacía la guerra en aquella edad como si fuera de menos años, y amansaba con su paciencia a Aníbal, a quien hervía la sangre como mozo, del cual dijo grandemente nuestro Enio:

Con su lento sosiego este hombre solo,
Del pueblo despreciando los rumores,
Restituyó a nuestro perdido estado,
Ganando fama e inmortal renombre.

(¹) Promulgada por Marco Cincio para que ninguno recibiese presente o regalo por las causas que defendiese.

¿Pero con qué vigilancia y prudencia recobró a Tarento? Cuando en mi presencia, jactándose Salinator, que perdida la ciudad, se había retirado a la ciudadela, y diciéndole: "Por mi valor, Quinto Máximo, has recobrado a Tarento", "tienes razón, le respondió, riéndose, porque si tú no la hubieras perdido, nunca yo la hubiera recobrado". Pero no fué menos esclarecido en la paz que en las armas. Porque en su segundo consulado, sin que le ayudase en nada su compañero Esp. Carvilio, se opuso con todo su esfuerzo a dos tribunos de la plebe, llamados C. Carvilio y C. Flaminio, que repartían por cabezas el territorio de la Galia y de Pisa contra la autoridad del Senado. Y siendo agorero, dijo públicamente que se hacía con buenos auspicios todo cuanto se hacía en favor de la República, y que lo que se hacía en contrario, era también hecho contra los auspicios. Muchas cosas grandes e ilustres conocí en este varón, pero nada vi más admirable que la resignación con que llevó la muerte de su hijo, hombre visible y consular. Anda en manos de todos la oración fúnebre cuya lección hace mirar con desprecio a todos los filósofos. Ni fué solamente grande en el público y a los ojos de todos, sino también en particular y dentro de su casa. ¡Qué conversación! ¡Qué doctrina! ¡Cuánta noticia de la antigüedad! ¡Qué conocimiento del derecho augural! En fin, hombre de mucha sabiduría para un romano (¹). Tenía en la memoria todas las guerras de dentro y fuera de Roma. De

_____

(¹) En este tiempo se dedicaban los romanos más a las armas que a las letras, de suerte que había muy pocos libros latinos y muy pocos hombres que conociesen la literatura de los griegos.

cuya conversación gozaba yo entonces con tanto gusto, como si adivinara lo que me sucedió, que, muerto él, no tendría de quién aprender después.

CAPÍTULO V

La virtud hace más llevadera la vejez:
ejemplos de esto.

¿Pero a qué traigo tantas cosas de Máximo? Para que entendáis que sería desvarío decir que su vejez fué miserable. Verdad es, que no todos pueden ser Escipiones o Máximos, que se acuerden de las batallas de mar y tierra, de las conquistas de ciudades, de las guerras que han hecho, y de los triunfos que han ganado; pero una vida particular, sosegada, pura y bien ordenada, logra también su vejez gustosa y apacible, como sabemos fué la de Platón, que murió escribiendo a los ochenta y un años de su edad, cual la de Isócrates, que dicen escribió aquel libro que se titula "Panatenaico" (¹), a los noventa y cuatro, y vivió cinco después, cuyo maestro Leontino Gorgias cumplió ciento siete, y jamás cesó en sus continuos estudios y trabajos; el cual, preguntado por qué quería vivir tanto tiempo, respondió: "Yo no tengo, hasta ahora, por qué quejarme de la vejez." ¡Esclarecida respuesta, y digna de un hombre docto!

(¹) De la palabra παναθῆναι, que quiere decir "quinquatria". Eran las fiestas de Minerva, que cada cinco años se celebraban en Atenas, en las cuales se llevaba en una procesión, con grande aparato, el manto de la diosa, y había luchas, etc. Y siendo esta solemnidad el asunto de un libro de Isócrates, por esto se intituló "Panathenaicus".

Echan a la vejez, los necios, la culpa de sus vicios; pero no lo hacía así este Enio, a quien nombré poco ha:

Como el caballo fuerte y generoso,
Que mereció en Olimpia muchos premios,
Descansada vejez disfruta ahora.

Compara su vejez con la de un caballo fuerte y vencedor, del cual bien os podéis acordar. Porque a los diez y nueve años después de su muerte, fueron hechos cónsules T. Flaminino y M. Acilio; y al tiempo que él murió, lo eran Cepión y Filipo, segunda vez; cuando yo, de edad de sesenta y cinco años, promoví la ley voconio ([1]), con mi voz y fuerzas enteras, pues, a los setenta años (que fueron los que vivió Enio), toleraba dos trabajos que se tienen por los mayores, la vejez y la pobreza, de tal manera, que parecía se deleitaba en ellos; mas, a mi modo de entender, son cuatro los motivos porque la vejez parece a algunos llena de trabajos: el primero, porque aparta del manejo de los negocios; el segundo, porque debilita y enferma el cuerpo; el tercero, porque priva de casi todos los deleites, y el cuarto, porque no está muy lejos de la muerte. Examinemos, si os parece, cuán justa es, y la fuerza que tiene cada una de estas cuatro causas.

([1]) Promulgó esta ley Q. Voconio Saxa, Trib. de la plebe el año 584 de la fundación de Roma, en que moderaba las herencias de las mujeres; prohibiendo en especial que no pudiesen heredar "ab intestato", sino a sus parientes.

CAPÍTULO VI

Cuán injustos son los motivos por que la vejez parece miserable.

La vejez excluye del manejo de los negocios. ¿De cuáles? ¿De aquellos, acaso, que se manejan en la juventud y con fuerzas? Pues qué, ¿no hay algunos oficios correspondientes a los viejos, que, aunque el cuerpo esté débil, puedan administrarse con el ánimo? ¿Estaba, por ventura, ocioso Q. Máximo? ¿Lo estaba tu padre L. Paulo, suegro de mi hijo tan amado y tan bueno? Y todos aquellos viejos, los Fabricios, los Curios y Coruncanos, ¿no hacían cosa alguna cuando defendían la República con su consejo y autoridad? Apio Claudio, además de ser muy viejo, se le juntaba el ser también ciego, y con todo, inclinándose el parecer del Senado a hacer paces y alianza con Pirro, tuvo valor para decir lo que puso Enio en estos versos:

¿A dónde corren ciegos, despeñados,
Vuestros juicios, que rectos ser solían?

Y otras cosas con mucha gravedad, que bien sabidos son los versos; y aun anda por ahí el discurso del mismo Apio. Y esto sucedió diez y siete años después de su segundo consulado, habiéndose pasado entre los dos diez años, y habiendo sido censor antes del primero, que es prueba de que era ya muy viejo cuando la guerra de Pirro; y, con todo, así lo hemos entendido de nuestros antepasados.

Nada, pues, alegan los que niegan a la vejez el

manejo de los negocios; y son semejantes a los que dijeran que el piloto nada hace en la nave, cuando unos suben a los mástiles, otros andan maniobrando por los puentes del navío, otros vacían la bomba, y él, teniendo el gobernalle, está sentado en la popa. No hace lo que los otros mozos; pero en mayores cosas, y de más importancia, trabaja; porque no se administran los asuntos graves con fuerza, prontitud y movimientos acelerados del cuerpo, sino con autoridad, prudencia y consejo, prendas que, no solamente no se pierden en la vejez, sino que suelen aumentarse y perfeccionarse en ella; si no es, qué os parece que yo, después de haber sido soldado, tribuno, lugarteniente y cónsul, y haberme ejercitado en guerras de varias naturalezas, estoy ocioso ahora, porque no las hago; pero doy consejo al Senado en lo que se debe hacer, y de qué modo; y declaro muy de antemano la guerra a Cartago, que hace tanto tiempo es enemiga del Imperio, de la que no dejaré de temer hasta que la vea reducida a cenizas.

¡Ojalá, Escipión, que te hayan reservado los dioses a ti esta gloria, para que pongan fin a las empresas de tu abuelo, que ya hace treinta y tres años que murió! Pero durará la memoria de tan grande hombre por todos los siglos venideros, porque él murió el año antes que fuese yo elegido censor, nueve años después de mi consulado, siendo nombrado cónsul segunda vez cuando yo lo era. ¿Y por ventura, si hubiera llegado a los cien años, le pesaría de su vejez? Pues no se ejercitaría en carreras, ni saltos, ni en jugar de la lanza a lo lejos, ni de la espada de cerca, sino en consejos, discursos y sentencias, que si no se hallaran en los viejos, no hubieran nuestros antepasados llamado al supremo consejo, Senado. Entre los lacedemonios son, y se llaman viejos, los que obtienen los mayores empleos. Y si queréis leer u oír los ejemplares de afuera hallaréis grandes Repúblicas, que las destituyeron los mozos, restablecidas y mantenidas en su esplendor por los viejos.

> *Decid, ¿cómo tan presto, gloria tanta*
> *Vuestra noble República ha perdido?*

Al que pregunta de este modo en los juguetes de Nevio (¹), se le responde, entre otras cosas, ésta:

> *Porque la gobernaban neciamente*
> *Oradores muy tiernos, y sin juicio.*

Lo cierto es que la temeridad es más propia de los mozos, y la prudencia de los viejos.

CAPÍTULO VII

No se disminuye la memoria en los viejos, ni se embota el entendimiento, como se ejerciten.

Pero se disminuye la memoria; bien lo creo, si no la ejercitas, o si eres rudo por naturaleza. Temístocles sabía de memoria los nombres de todos sus ciudadanos; ¿creéis, acaso, que siendo más entrado en días, saludaría Arístides al que se llamase Lisímaco? Pues yo, no sólo tengo presentes a los que viven ahora, sino a sus padres también y a sus abuelos; ni temo perder (como dicen) la memoria leyendo los epitafios; antes refresco cuando los leo la memoria

---

(¹) Escribió en verso latino la historia de la segunda guerra Púnica, y habiendo sido echado de Roma por unas sátiras que compuso, se retiró a Utica, y allí murió.

de los difuntos, ni tampoco he oído que se haya olvidado algún viejo dónde ha escondido su tesoro; se acuerdan de todo lo que traen entre manos, de los vales hechos a su favor, y en contra. Pues, ¿qué diré de los jurisconsultos, los pontífices, los agoreros y los filósofos viejos? ¿De cuántas cosas no se acuerdan? Dura el ingenio en los viejos como dure el cuidado y la industria, no sólo en los hombres ilustres y que han tenido empleos públicos, sino también en los que han vivido quietos y retirados del manejo de los negocios. Sófocles componía tragedias, aunque era ya de mucha edad, el cual, pareciendo que entregado enteramente al estudio, descuidaba de su hacienda, fué llamado a juicio por sus mismos hijos, para que los jueces le retirasen, como chocho, del manejo de ella, como se suele hacer, según nuestras costumbres, con los padres que no la administran bien. Entonces, dicen que el viejo leyó a los jueces aquella fábula "Edipo coloneo", que tenía entre manos y acababa de escribir (¹) y les preguntó si aquélla era obra de un viejo ya chocho; y, habiéndola leído se le dió por libre, por parecer de todos.

¿Por ventura, a éste le obligó la vejez a enmudecer en sus estudios? ¿Ni a Hesiodo, ni a Simónides, ni a Estesícoro, ni a Isócrates y Gorgias, a quienes nombré antes, a Homero, ni a los príncipes de los filósofos: Pitágoras, Platón y Demócrito, a Xenócrates, o después de éstos a Cenón, Cleantes o a aquel Diógenes estoico a quien visteis en Roma vosotros? ¿No fué igual en todos éstos la carrera de los estudios a la de la vida? Y dejando aparte estos estudios

(¹)   Hizo Sófocles dos tragedias con el título de "Edipo". Pero esta de que aquí se habla, se distingue de la otra por el epíteto "Coloneum", que quiere decir que habitaba en una colina.

más nobles, pudiera nombraros a mis amigos, los labradores del país de los sabinos, que, en faltando ellos del campo, nada se hace de importancia, ni en sembrar, ni coger, ni guardar los frutos; aunque en éstos, es menos maravilla porque ninguno hay tan viejo que no piense vivir un año. Pero también trabajan en cosas que tienen certeza que ellos no han de disfrutar.

> *Plantan los viejos árboles, que el fruto*
> *Darán para otro siglo venidero,*

dice Estacio en su comedia Sinefebis. Pero tampoco duda el labrador, aunque viejo, cuando le pregunten para quién siembra, responder: "Para los dioses inmortales, que no solamente quisieron que yo heredase esto de mis antepasados, sino que aprovechase también a mis descendientes".

CAPÍTULO VIII

No son enfadosos los viejos sabios: la vejez es trabajadora.

Mejor habló aquí Cecilio ([1]) de un viejo prudente de lo venidero, que cuando dijo:

> *Si otro daño, vejez, cuando te acercas*
> *No trajeras contigo, éste bastaba;*
> *Que larga vida ve lo que no quiere.*

([1]) Este es el mismo que el Estacio, de quien acaba de hablar, el cual no se ha de confundir con el autor de "La Tebaida".

Y acaso también muchas cosas que quiere; y de la que no quiere, suele tener la culpa la juventud. Mas peor dijo lo siguiente:

Nada hay en la vejez más miserable,
Que el saber que uno es enfadoso a todos.

Antes agradable que enfadoso; porque a la manera que los viejos sabios se deleitan con los jóvenes de buena índole, y se hace más llevadera la vejez a aquellos que son tratados y respetados de los mozos, así también gustan éstos de los preceptos de los viejos, que los encaminan a la virtud. Yo no creo que os soy menos agradable que vosotros a mí, mas ya veis cómo no es ociosa la vejez, ni floja, ni perezosa, sino antes bien, trabajadora activa y aplicada; y que siempre está haciendo y tratando de hacer alguna cosa correspondiente a las inclinaciones anteriores de cada uno, además de que también aprenden algo continuamente, como vimos que se jactaba Solón en sus versos, de que se hacía viejo aprendiendo todos los días alguna cosa; como yo hice, que he aprendido, siendo ya viejo, la lengua griega, la cual tomé con tanta ansia, como si deseara satisfacer una sed de mucho tiempo, para poder entender estas mismas cosas, de que ahora me veis usar como de ejemplos; lo cual, habiendo oído que había hecho Sócrates en la música (porque también aprendían música los antiguos), me entró a mí deseo de imitarle, y así, he trabajado mucho en este estudio.

CAPÍTULO IX

No les faltan fuerzas a los viejos para vivir bien.

Yo, ahora, no echo de menos las fuerzas que tenía en mi juventud (que éste era el segundo de los vicios que se atribuyen a la vejez), mas que apetecía entonces las de un toro o de un elefante; cada uno se ha de acomodar con lo que le ha concedido la Naturaleza, y todo lo que haga, que sea a proporción de sus fuerzas, porque, ¿dónde podrá oírse proposición más despreciable que la de Milón, natural de Crotona (¹), el cual, siendo ya viejo, y viendo a los atletas ejercitarse en la carrera y en la lucha, dicen que se miró los brazos, y que, llorando, dijo: "¡Oh, éstos ya están muertos!" No tanto ellos como tú, mentecato, que nunca has adquirido por ti mismo nobleza, sino por tus robustos lomos y tus brazos. No se quejaron así Sexto Elio, ni Tito Coruncano mucho tiempo antes, ni ahora P. Craso, hombres que dictaban leyes a los ciudadanos, cuya sabiduría y prudencia llegó hasta el último aliento de su vida. Del orador es de quien se puede temer que le falten en la vejez las fuerzas, porque su oficio es, no sólo de ingenio, sino también de robustez y de fuerzas. Lo que es una voz clara y sonora, resplandece no sé cómo maravillosamente en la vejez; como no la he perdido yo todavía, y ya veis mis años; pero es muy

---

(¹) Lo que se dice de la fuerza de este atleta es casi increíble. Él contó demasiado con sus fuerzas, porque, habiendo probado a partir en dos pedazos un árbol que habían ya comenzado a hender con hachas y cuñas, se le quedaron las manos dentro de la raja del árbol, y fué despedazado por las fieras.

decorosa el habla de los viejos, apacible y baja; la limpieza y sosiego con que se explica un viejo elocuente, por su misma autoridad se concilia la atención, lo cual, aunque yo no pueda hacer por mí, puedo, no obstante, dar preceptos a Escipión y Lelio, porque, ¿qué mayor gloria para la vejez que verse rodeada de la juventud estudiosa?

¿No dejaremos, a lo menos, fuerzas a la vejez para poder enseñar e instruir a los jóvenes, e imponerlos en todas sus obligaciones? ¿Pues qué cosa más ilustre, ni qué obra de más honor y excelencia? A mí, ciertamente, me parecían dichos los dos Escipiones Publ. y Cn., y tus dos abuelos L. Emilio y Publ. Africano, porque siempre andaban rodeados de la juventud noble. Y por tales hemos de tener a todos los maestros de las bellas letras, aunque se les hayan cansado y disminuído las fuerzas, falta que más suele acontecer por los vicios de la mocedad, la cual, habiendo sido libre y desarreglada, entrega el cuerpo muy quebrantado a la vejez. Ciro, según escribe Xenofonte en aquel discurso que hizo al morir siendo ya de mucha edad, protesta que jamás había sentido más flaqueza en la vejez que en la mocedad; y yo me acuerdo de cuando era muchacho, que L. Metelo (el cual fué creado pontífice máximo cuatro años después del segundo consulado, y obtuvo este sacerdocio veintidós años), se hallaba con tan buenas fuerzas al último tiempo de su vida, que para nada echaba de menos la mocedad. No tengo necesidad de hablar de mí mismo, aunque esto es también propiedad de viejos, y está concedido a nuestra edad.

CAPÍTULO X

Ninguno debe hacer jactancia de sus fuerzas; cada edad de la vida tiene su sazón.

¿No veis cómo en Homero se alaba Néstor muy a menudo de sus virtudes? Había ya vivido tres edades de hombres; y no tenía que temer que le tuviesen por locuaz o arrogante, gloriándose de la verdad. Porque, como dice Homero, salían de su boca palabras más dulces que la miel; para la cual suavidad no necesitaba de las fuerzas corporales; y con todo aquel general de la Grecia nunca deseaba tener en su ejército diez Ayaces, sino diez Néstores; no dudando que, si los tuviera, conquistara a Troya en poquísimo tiempo. Pero vuelvo a hablar de mí mismo; ochenta y cuatro años tengo, y quisiera poderme alabar lo mismo que Ciro; pero, no obstante, bien puedo decir que no tengo las mismas fuerzas que cuando era soldado en la primera guerra Púnica, o cuestor, siguiéndose todavía, o cuando fuí cónsul a España, o cuatro años después, cuando peleaba en Termópilas de tribuno de los soldados siendo cónsul M. Acilio Glabrión; pero como veis no me ha acabado absolutamente la vejez; no echa menos mis fuerzas la curia, ni el tribunal, ni los amigos, ni los dependientes y huéspedes. Porque jamás he dado crédito a aquel proverbio antiguo tan decantado que dice, que se hace viejo muy presto el que lo quiere ser por mucho tiempo. Yo, más quisiera durar poco en la edad de viejo que hacerme viejo antes de serlo. Y así, ninguno hasta ahora ha querido hablarme, que me haya hallado ocupado.

Verdad es que tengo menos robustez que cualquiera de vosotros dos. Mas tampoco vosotros tenéis las fuerzas de Tito Poncio Centurión; ¿y será por esto él mejor que vosotros? Como haya unas fuerzas moderadas, y cada uno se esfuerce todo cuanto pueda, no tendrá a buen seguro mucho deseo de ellas. Milón dice que andaba en el estadio de Olimpia con un buey vivo a cuestas; ¿y habrá quien estime más las fuerzas de éste que las del ingenio de Pitágoras? Ultimamente de éste bien se ha de usar cuando le haya; pero cuando no, no apetecerle; si no es que los jóvenes hayan de echar menos la puericia, y los que son ya más entrados en días, la juventud. Tiene su curso cierto y determinado la edad, y es uno y simple el camino de la naturaleza; a cada parte de la vida se le ha destinado su tiempo; al modo que de los niños es propia la delicadeza, la valentía de los jóvenes, la gravedad de la edad viril, así en la vejez tiene cierto punto de naturalidad la madurez, que se percibe a su tiempo. Bien creo que habrás oído, Escipión, lo que hace tu huésped Masinisa, que es hombre ya de noventa años; cuando ha comenzado su camino a pie, dicen que jamás monta a caballo, y cuando a caballo comenzó, nunca se apea de él; jamás, por riguroso que sea el frío ni el agua, se reduce a llevar cubierta la cabeza; y así, conserva en su cuerpo una constitución seca, y cumple con todos los cargos y oficios de un rey. Luego bien puede el ejercicio y la vida moderada conservar aun en la vejez algo de vigor y robustez antigua.

CAPÍTULO XI

No faltan fuerzas a los viejos; o, a lo menos, no las necesitan.

No hay fuerzas en la vejez, ni tampoco ella las pide ni las desea para nada. De forma que por las leyes e instintos está exenta nuestra edad de aquellos empleos que no se pueden ejercer sin fuerzas; y así, no solamente no estamos obligados a lo que no podemos, sino aun a lo que podemos Pero hay muchos viejos tan débiles y enfermos, que no pueden ejercer ni cumplir con ningún empleo ni oficio de la vida. Esta falta no es propia de la vejez, sino común a la complexión humana. ¿Qué enfermizo era el hijo de P. Africano, aquel que te adoptó? ¿De qué poca salud gozaba, o, por mejor decir, de ninguna? Que si no fuera por esto hubiera sido la segunda lumbrera de la ciudad; porque a la grandeza de espíritu heredada de su padre, había añadido él mayor doctrina. ¿Pues qué maravilla es que los viejos sean alguna vez débiles y enfermos, cuando ni los mozos se pueden escapar de ello? Se ha de resistir, pues, Escipión y Lelio, a la vejez, recompensar con industria sus faltas y pelear contra ella como contra una enfermedad, cuidar de la salud, usar de moderados ejercicios, comer y beber de manera que se rehagan las fuerzas, y no se opriman.

Mas no solamente se han de prevenir socorros para el cuerpo, sino también, y mucho más, para el entendimiento y el espíritu; porque hasta estas cosas se acaban con la vejez, como se apaga una lámpara si no se la echa aceite. Mas los cuerpos se deterioran con el cansancio y el trabajo; pero los ánimos, al revés, cultivándolos, adquieren nuevo vigor. Porque los que llama Cecilio *viejos necios de comedia*, quiere decir que son los crédulos, olvidadizos y desarreglados: vicios que son propios no de la vejez, sino de la vejez floja, perezosa y soñolienta Así como la desvergüenza y liviandad es más propia de los mozos que de los viejos, mas no de todos los mozos, sino de los que no son buenos, así esta necedad de los viejos, como cuando se dice que chochean, es propia de los viejos fatuos, no de todos. Cuatro hijos robustos, y cinco hijas, gobernaba Apio, viejo y ciego como estaba, una casa tan grande y de tantos dependientes; porque mantenía su ánimo siempre levantado, como cuerda de arco tirante, y no se dejaba postrar de la vejez; mandaba en los suyos con imperio y autoridad; le temían los siervos, le veneraban los hijos, y le amaban todos; resplandecía en aquella casa la costumbre y disciplina de los antiguos romanos.

Así que es respetable la vejez si se defiende a sí misma, si mantiene su autoridad, si se gobierna con una total independencia y si mantiene predominio en los suyos hasta el último aliento de la vida. Pues así como alabo a un joven que tiene algo de viejo, así también me agrada el viejo en quien hay algunas cosas de mozo; y el que sea de esta naturaleza podrá ser viejo en el cuerpo, pero en el ánimo no lo será jamás. Yo actualmente tengo entre manos el libro séptimo de los *Orígenes* (¹); registro todos los mo-

<hr />

(¹) Compuso Catón una historia, que no ha llegado a nuestros tiempos, en siete libros; de los cuales, el segundo y tercero trataban del origen de todas las ciudades de Italia, de donde parece que se intituló la obra "Los Orígenes". Véase a Cornelio Nepote en "La vida de M. Porcio Catón".

numentos de la antigüedad; doy la última mano a las oraciones de las causas más célebres que he defendido; manejo el derecho de los agoreros, de los pontífices y civil; empleo también mucho tiempo en la lengua griega, y siguiendo la costumbre de los pitagóricos, por ejercitar a memoria, refresco por la noche todo lo que he leído, y todo cuanto he oído y tratado por el día. Estos son los ejercicios del entendimiento y las carreras de mi ánimo, en las cuales sudando y trabajando continuamente, no echo mucho de menos las fuerzas de la juventud; asisto a mis amigos, voy al Senado con mucha frecuencia, y de mí mismo llevo asuntos pensados, y por largo tiempo digeridos con mucha madurez, y los sostengo con las fuerzas del entendimiento, no con las del cuerpo. Lo cual, cuando no pudiera hacerlo, con todo me serviría de recreo la cama, pensando en aquellas mismas cosas que no pudiera hacer; pero mi vida pasada hace que pueda. Porque el que vive en estudios y trabajos, no siente cuando le llega la vejez. Así, poco a poco y sin sentir, se va la edad envejeciendo, y no se quiebra de repente, sino que a fuerza del mucho vivir se acaba.

CAPÍTULO XII

Es feliz la vejez por haber sacudido el yugo de los deleites: discurso de Arquitas contra éstos.

Síguese el tercer achaque de la vejez, que dicen que no participa de los deleites. ¡Oh gran prerrogativa de la edad, que a nosotros nos quita lo que más vicioso es en la mocedad! Porque oíd, jóvenes esclarecidos, un antiguo discurso de Arquitas tarentino, grande hombre e ilustre entre los primeros, que me le refirieron en mi mocedad estando con Quinto Máximo en Tarento. Decía que no había dado la Naturaleza a los hombres más fatal enfermedad que los deleites del cuerpo, cuyos desordenados deseos excitan a su fruición las pasiones temeraria y desenfrenadamente. De aquí decía que provenían las traiciones a la patria, las destrucciones de las Repúblicas, las inteligencias secretas con los enemigos; que no había maldad ni atrevimiento grande que no incite el deseo de los deleites a emprenderle; que a los estupros, adulterios y a todas las infamias no convidan otros atractivos que los de los deleites; que no habiendo depositado en el hombre la Naturaleza, o algún dios, cosa más grande y excelente que el entendimiento, no hay mayor enemigo de este divino don que el deleite.

Porque ni puede tener lugar la templanza donde la liviandad domina, ni la virtud puede asentar su domicilio en el reino del placer; y para que más bien pudiéramos llegar a entender esto, decía que nos imagináramos un hombre tan incitado de los deseos de deleites cuanto más se pudiera pensar; creía él que nadie podría dudar que mientras se mantuviese en aquel estado, nadie sería capaz de discurrir ni alcanzar con su razón ni pensamiento; por lo cual concluía, que no había cosa más pestífera ni aborrecible que los deleites; porque cuanto mayores sean y más duraderos, tanto más apocan y disminuyen la luz de la razón. En estos términos decía haber oído a sus mayores, Nearco tarentino, huésped de nuestra familia y amigo del pueblo romano, que razonó Arquitas tarentino con C. Poncio Samnita, padre de aquel que venció en la batalla de Claudio a los cónsules E. Postumio y T. Veturio, habiéndose hallado en la misma conversación Platón ateniense, que sabemos vino a Tarento siendo cónsules Lucio Camilo y Apio Claudio.

Mas, ¿a qué fin traigo esto? Para que entendáis que si no pudiéramos resistir a la fuerza de estos deseos con la razón y la prudencia, debíamos dar muchas gracias a la vejez, la cual sería causa de que no nos agradase lo que no conviene hacer. Porque sirve de impedimento al buen juicio el deleite, es enemigo de la razón, ofusca, por decirlo así, los ojos del entendimiento, y no tiene relación ni comercio alguno con la virtud. Contra mi voluntad hice en echar del Senado a Lucio Flaminino, hermano de aquel héroe Tito Flaminino, siete años después de haber sido cónsul; pero me pareció que debía hacerse un escarmiento de su liviandad, porque estando cónsul en Francia, condescendió con los ruegos de una ramera, que en un convite le pidió mandase cortar la cabeza a uno de los presos condenados a muerte. Se escapó el tal, siendo censor su hermano, que lo fué el año antes que yo; pero a Flaco y a mí no pudo menos de parecernos mal tan depravada liviandad, que con el vituperio de la persona juntaba la deshonra de la dignidad.

CAPÍTULO XIII

Es fácil vencer a los hombres entregados a los deleites; la mayor gloria de la vejez es no echarlos de menos; pero no carece de ellos absolutamente.

Muchas veces oí decir a mis mayores, que decían haberlo aprendido cuando muchachos de otros viejos, que se admiraba Cayo Fabricio de haber oído, estando de embajador a Pirro, a Cinea Tesalo, que había en Atenas un hombre que hacía profesión de sabio; y que decía, que todas nuestras obras se habían de referir a los deleites; lo cual como oyesen M. Curio y T. Coruncano, deseaban que esta máxima se persuadiese a Pirro y a los samnitas, para poderlos vencer con más facilidad en habiéndose entregado a los deleites. Había vivido M. Curio con P. Decio, aquel que se sacrificó por la patria en su cuarto consulado, cinco años antes que hicieran cónsul a Curio. También le conocían Fabricio y Coruncano, los cuales, así por su propia manera de vida, como por este hecho que digo de P. Decio, juzgaban que precisamente había alguna cosa por su naturaleza ilustre y honrosa que fuese por sí misma deseada y la que siguiesen todos los hombres buenos, echando a un lado y despreciando los deleites.

Mas, ¿con qué fin hablo yo tanto de los deleites? Porque no solamente no es falta, sino grande alabanza de la vejez, que por ningunos deleites está muy solícita. No goza de las comidas y mesas ostentosas ni bebidas frecuentes; cierto; pero, por eso, está libre de la embriaguez, de indigestiones y de malas noches. Mas, si se ha de conceder alguna licencia al deleite, porque apenas podemos resistir a su atractivo (y el divino Platón le llamaba "el cebo de todos los vicios", porque caen en él los hombres como los peces en el anzuelo), aunque la vejez no participe de estas comilonas, se puede recrear muy bien con los convites moderados. Muchas veces me acuerdo haber visto, cuando era joven, a C. Duilio, hijo de Marco, que fué el primero que venció por mar a los cartagineses, que para volver de la cena gustaba de las luces y músicas que le acompañaban; lo que ejecutaba sin ejemplo de otros siendo un particular: tanta licencia le daba su gloria. Pero, ¿para qué alego ejemplares extraños? Vuélvome a mí mismo. En primer lugar, yo he tenido siempre compañeros para conversar; y estas cofradías se establecieron siendo yo cuestor (1), cuando se recibieron los sacrificios del monte Ida a nuestra madre Cibeles. Comía con mis compañeros siempre con moderación, pero con cierto hervor de la edad, la cual, conforme va creciendo, va suavizándolo todo y apagándolo cada día más; y no medía yo más aquel deleite por la diversión del cuerpo que por la compañía y conversación de los amigos, porque, con razón, llamaron nuestros antepasados convite a este juntarse los amigos a comer, porque trae consigo cierta unión y sociedad de la vida; mejor que los griegos que le llaman concenación y compotación, que parece que aprecian más lo más ínfimo y grosero que hay en el convite.

CAPÍTULO XIV

No es molestia carecer de aquello que no se apetece; cuanta ventaja sea no desear los deleites; es feliz la vejez dada a ocupaciones honestas.

Así que a mí me gustan los convites a sus horas, por el deleite de la conversación, y no solamente con los de mi tiempo, de los cuales ya han quedado muy

(1) Llevado a Roma el simulacro de la gran madre Cibeles, en el consulado de Tuditano y Cetego, y siendo cuestor M. Catón, se estableció un colegio o cofradía, cuyos individuos comían juntos en los días señalados para celebrar los sacrificios a esta diosa.

pocos, sino también con los de vuestra edad y con vosotros mismos; y estoy sumamente agradecido a la vejez, que me ha aumentado el deseo de conversar, y me ha quitado el de comer y beber. Mas, si esto deleita a alguno (porque no parezca que absolutamente declaro guerra a los deleites, en los cuales, quizá puede haber alguna moderación natural), no entiendo que la vejez deje de participar de ellos. A mí me deleitan aquellos ministerios instituídos por nuestros antepasados, y la conversación que según su costumbre mantiene el que gobierna la copa (¹) y los vasos, como en el convite de Xenofonte, cortados cuanto humedecen el paladar, y el refresco en el verano, y el sol o la lumbre en el invierno, las cuales cosas practico en mi granja sabina, y convido todos los días a mis vecinos, alargando el convite hasta muy tarde de la noche, según podemos con varias conversaciones.

Pero no son tan vivos en los viejos los apetitos de los deleites. Lo creo; ni tampoco los echan de menos; y no sirve de pena lo que no se desea. Preguntado Sófocles, cuando estaba ya muy viejo, si usaba los deleites de Venus, respondió prudentemente: "Mejor lo hagan los dioses conmigo, que estoy muy gustoso con haber escapado de ellos como de un señor agreste y furioso." A los que desean esto, les es por ventura molesto y penoso carecer de ello; pero a los que ya están hartos y satisfechos, les es más gustoso carecer de ello que gozarlo; aunque no está privado aquel que no lo desea, y así, yo creo que

---

(¹)   Era costumbre entre los antiguos nombrar, por suerte, uno que presidiese y gobernase el convite, a quien llamaban "Magistir, Dux, Rex, Modimperator, Arbitram, Dictator, Strategum", como se observa en los autores latinos.

el no desearlo es más delicia que el gozar de ello. Mas, si la menor edad goza de estos deleites con más gusto, en primer lugar goza de cosas bien tenues, como he dicho, y, además, de cosas que si la vejez no goza en abundancia, no carece tampoco absolutamente. Así como goza más de Turpión Ambivio el que está oyéndole en los primeros asientos; pero también está divertido el que le escucha en los últimos: a este modo, la juventud, mirando más de cerca los deleites, acaso se deleita más; pero no le falta también a la vejez lo que basta para deleitarse mirándolos desde más lejos.

Pero en recompensa de esto, ¿cuánto mejores son y de más estima aquellos deleites de gozar de un ánimo apartado, exento, y como jubilado ya de las liviandades, de la ambición, de las enemistades y de todos los otros vicios y pasiones, libre ya de todos ellos, y que, como dicen, sea todo suyo, y viva consigo? A lo cual, si acompaña algún recreo, como pasto de las letras y doctrina, ¿qué cosa más gustosa que una vejez descansada y ociosa en su retiro? Veíamos, ¡oh Escipión!, perseverar hasta la muerte en el estudio de medir el cielo y la tierra a aquel amigo de tu padre C. Galo. ¡Cuántas veces le cogió la luz del día habiendo comenzado a escribir alguna cosa por la noche! ¡Cuántas le halló la noche continuando lo que había comenzado por el día! ¡Con qué gusto nos avisaba él mucho antes que sucediesen los eclipses del sol y de la luna!

Y, ¿qué diré de otros estudios no tan altos, pero también de habilidad y agudeza? ¡Cuánto se recreaba Nevio en su guerra Púnica! ¡Cuánto Plauto en sus comedias intituladas "El Feroz" y "El Embustero"! También me acuerdo del viejo Livio, que habiéndonos enseñado la comedia (¹) siete años antes que yo naciese, siendo cónsules Catón y Tuditano, vivió hasta mi mocedad. ¿Qué diré de P. Licinio Craso en sus estudios del derecho augural, civil y pontificio? ¿O de este Publio Escipión, que han hecho pontífice máximo estos días? A todos estos que he nombrado vimos embebidos en el estudio, aun cuando viejos. ¡Y con cuánta intención veíamos ejercitarse en la elocuencia a M. Cetego, a quien Enio llamó muy bien médula de la persuasión! ¿Pues qué deleites de juegos, de convites ni de mujeres son comparables con éstos? Y éstos son a la verdad estudios de ciencias que crecen en los prudentes y bien educados al paso de la edad; de modo que es muy decorosa aquella expresión del verso de Solón (de que hablé arriba), que se hacía viejo aprendiendo muchas cosas todos los días; ¿qué mayor deleite puede haber que esta recreación del ánimo?

CAPÍTULO XV

Cuánto placer puede dar a los viejos la agricultura.

Paso ahora a los deleites de los labradores, en que yo tengo suma complacencia, para los que no impide la vejez, y a mí me parece que se acercan mucho a la vida de un sabio, porque tienen su comercio con la tierra, que jamás rehusa su cultivo, y nunca vuelve sin usura lo que la entregamos, sino

(¹)   Fué Livio Andrónico el primero que sacó en Roma la comedia al teatro, el año 510 de la fundación de Roma, y un año antes del nacimiento de Enio, que fué más antiguo que Plauto y Nevio. Véase a Cicer. al principio del libro primero de "Las Cuest. Tuscul.".

a veces con menor; pero, por lo común, con muchas más ganancias. Aunque a mí no sólo me deleita el fruto, sino la misma virtud y naturaleza de la tierra, la cual, después de recibida en su seno mullido y bien arado la simiente esparcida, primero la calienta cubriéndola, de donde se llamó "ocasión" esta operación; después, calienta con su vapor y compresión, la hiende, y saca de ella fuera una yerba verde, que estribando en las fibras de sus raíces, crece insensiblemente; y levantada en su pezón anudado, se encierra ya más crecida en las vainas, y arroja el fruto de la espiga cuando sale de ellas muy en su orden, y la fortalece con el cerco de las aristas para que no la coman los pájaros.

¿Pues qué diré de plantío, nacimiento y propagación de las vides? No puedo acabar de complacerme; de donde podéis conocer el recreo y delicias de mi vejez. Porque, dejando aparte la naturaleza de todas las cosas que produce la tierra, que de un granito como el de un higo, o de una uva, y de otras muy pequeñas simientes de otros frutos y plantas, cría tan grandes troncos y ramas, los sarmientos, las plantas, los trasplantados y su propagación, ¿no deleitan a cualquiera sin poder menos de admirarse? La vid, que es caduca por su naturaleza, y si no se apoya se inclina a la tierra, para levantarse ella misma, se enreda en cualquiera cosa adonde llega con sus pámpanos como si fueran manos propiamente; a la cual, porque se extiende muchísimo, poda el arte del labrador, para que, brotando demasiado, no se derrame por todas partes. Y así, al entrar la primavera, nace en aquellos nudos, como artejos de los sarmientos, la que llamamos yema, de la que se manifiesta y nace luego la uva, que creciendo con la humedad de la tierra y el calor del sol, amarga al gusto primero, pero se endulza en madurando, y vestida de hojas, ni carece de un calor moderado, y está defendida del demasiado rigor del sol. ¿Y qué cosa hay ni más alegre por el fruto ni más hermosa a la vista? De la cual, a mí no solamente me recrea el fruto, como antes dije, sino también su naturaleza y cultivo, las hileras de estacas, el enlace de los maderos a que se atan las puntas de las varas, su propagación y el podar, como ya he dicho, unos sarmientos, y dejar crecer otros.

¿Pues qué diré de los riegos del campo, de las cavas y del cubrir las cepas, con que la tierra se hace mucho más fértil y abundante? ¿Y qué de la utilidad de abonar las tierras? Ya hablé de ella en aquel libro que escribí sobre la agricultura, de que el doctor Hesiodo no habló palabra escribiendo del cultivo del campo. Pero Homero, que a mi parecer floreció muchísimos años antes que él, introduce a Laertes divirtiendo la tristeza que le causaba la falta de su hijo con el cultivo y abono de la tierra. Y no solamente alegran las cosas del campo por las mieses, prados, viñas y arboledas, sino también por los frutales y huertos, por la cría de los animales, los enjambres de abejas y la variedad de todas las flores; ni sólo por los plantíos, sino también por los injertos, que es lo más delicado y artificioso que ha inventado la agricultura.

CAPÍTULO XVI

Los grandes hombres vivían antiguamente en los campos; en ninguna parte puede ser más dichosa la vejez

Pudiera proseguir contando muchos divertimientos de que se goza en los campos; pero acaso en los que he dicho habré sido demasiado prolijo. Mas, perdonad, porque soy muy dado al estudio de estas cosas, y la vejez es naturalmente más inclinada a hablar mucho, porque no parezca que quiero hacerla exenta de todos los defectos. Lo cierto es que en esta vida acabó sus días M. Curio, después de haber triunfado de los samnitas, de los sabinos y de Pirro, cuya granja, si me paro a contemplarla (que no está muy lejos de la mía), no puede menos de admirarme, así de la moderación de aquel hombre, como de la disciplina de aquellos tiempos. Estando Curio sentado a la lumbre, llegaron los samnitas con una gran cantidad de oro, y él los despidió diciendo que tenía él por glorioso mandar a los que tuviesen muchas riquezas, pero no el poseerlas. ¿Podría menos de hacerle gustosa la vejez un ánimo tan grande?

Mas, vuelvo a mis labradores, por no salir de mí mismo. En aquellos tiempos, vivían los senadores en el campo, y esto, aun cuando viejos, porque estando arando L. Quincio Cincinato, le trajeron la noticia de que había sido nombrado dictador; cuyo general de la caballería, Servilio Aala, dió muerte a Esp. Melio, cortándole sus ideas de apoderarse del Imperio. Desde su granja eran llamados al Senado Curio y los demás viejos, de donde los que los llamaban tomaron nombre de "llamadores". ¿Sería acaso miserable la vejez de éstos, que tenían toda su recreación en el campo? Yo, en mi concepto, no hallo qué vida pueda ser más feliz; no sólo por el empleo, porque a todo el género humano es útil y provechoso el cultivo de los campos, sino también por la diversión y la abundancia de todas las cosas que pertenecen al trato de los hombres y al culto de los dioses; y pase esto para que, puesto que algunos desean estas cosas, hagamos ya las paces con el deleite. En la casa de un buen amo, aplicado y asistente a ella, están siempre llenas las cuevas del vino y el aceite, y la despensa, y abunda toda la casa con provisión de cerdos, corderos, cabritos, gallinas, leche, queso y miel. Además, los labradores llaman a su huerto segunda carne de puerco (¹). A todo lo cual, doble el gusto en los ratos perdidos la diversión de la caza mayor y de las aves. ¿Pues qué diré del verdor de los prados, los órdenes de árboles, las especies de viñas y las olivas? Para acabar en poco, nada puede haber ni más abundante para gozarlo, ni más hermoso para la vista, que un campo bien cultivado. Y no solamente no impide la vejez para gozar de él, sino que llama y convida. ¿Pues en dónde pueden los de esta edad, ni con más conveniencia, o calentarse al sol o a la lumbre, o también refrescarse más saludablemente a la sombra o con las aguas? Buen provecho les hagan a los mozos sus armas, caballos, lanzas, clavas y picas, los juegos de pelota, baños y carreras; déjennos a nosotros entre todas las diversiones los dados y tablas, y esto cuando nos agradare, que puede muy bien ser dichosa sin ellos la vejez.

CAPÍTULO XVII

En la agricultura han hallado sus delicias, aun los grandes hombres

Para muchas cosas son útiles los libros de Xenofonte, los que os ruego leáis con gran cuidado, como ya lo hacéis. ¡Cuánto se dilata en alabanzas de la agricultura en el libro que escribió del cuidado de

---

(¹)   Porque así como en las casas se recurre muchas veces a la carne de puerco, así, en las granjas, a la fruta de las huertas.

las casas, que se intitula Económico! Mas, para que entendáis que nada le parecía tan digno de un ánimo real como la aplicación al cultivo del campo, introduce a Sócrates en aquel libro diciendo a Cristóbulo que Ciro el Menor, rey de Persia, tan esclarecido por su sabiduría, como por sus ilustres hechos, habiendo venido a visitarle a Sardis Lisandro, lacedemonio, y a presentarle un regalo de sus aliados, se mostró con él en todo muy afable y humano, y le enseñó una tierra cercada toda, y sembrada con mucho arte y primorosa diligencia; y que, maravillado, Lisandro, así de la altura de los árboles, como de la igualdad de sus calles y sus cinco órdenes, del mullido y limpieza de la tierra, de la suavidad y fragancia que esparcía la multitud y variedad de flores, dijo que se admiraba así del cuidado, como de la habilidad de aquel que lo hubiese medido y delineado todo; a quien respondió Ciro: "Pues yo he sido quien lo ha medido todo, míos son los órdenes, mía la delineación, y aun muchos de estos árboles están plantados por mi mano". Entonces, dice que, poniendo Lisandro los ojos en su púrpura, y en el resplandor y adorno pérsico, cargado de mucho oro y pedrería, prosiguió: "Con razón, por cierto, te llaman dichoso, Ciro, pues tan bien se han unido en ti la fortuna y el valor."

De ésta puede gozar la vejez; ni la edad es impedimento para que conservemos aplicación a muchas cosas; pero principalmente al cultivo del campo hasta el último espíritu de nuestra vida. De M. Valerio Corvino sabemos que vivió hasta cien años manteniéndose en el campo, y cultivándole, aun cuando ya era de edad muy avanzada, entre cuyo primero y sexto consulado pasaron cuarenta y seis años; de forma que le duró tanto la carrera de sus honores, cuanto nuestros antepasados quisieron establecer para comenzar uno a ser viejo. Y fué el último tiempo de su vida tanto más feliz que el intermedio, cuanto más autoridad tenía entonces, y con menos trabajo. Porque es la autoridad el supremo grado y la corona de la vejez. ¿Cuánta tuvo L. Cecilio Metelo? ¿Y cuánta Atilio Calatino, a quien se hace aquel elogio particular: "Muchas gentes convienen a una voz en que era el primer hombre de Roma"? Bien sabido es el epitafio que se esculpió en su sepulcro. Pero con razón era autorizado, pues que era general la aclamación de sus hechos. ¡Qué hombre en estos tiempos P. Craso, pontífice máximo! ¡Y después M. Lépido, a quien vimos condecorado con la misma dignidad! ¿Pues qué diré de Paulo o de Africano, o como ya hablé antes de Quinto Máximo, cuya autoridad resplandecía, no sólo en sus pareceres, sino en sus mismos semblantes? Trae consigo la vejez, particularmente si es condecorada, tan grande autoridad, que ella sola es más apreciable que todos los deleites de la mocedad.

CAPÍTULO XVIII

En qué fundamento se ha de establecer la autoridad de la vejez; sus vicios, y qué excusa pueden tener.

Mas tened entendido, que cuando en mi discurso alabo a la vejez, hablo de aquella que está fundada en los principios de una buena juventud. Por donde sale verdadero lo que yo dije en una ocasión con grande aplauso de todos: que era miserable la vejez que necesitaba de apologías. No pueden las canas y las arrugas dar de repente autoridad; la vida pasada, si ha sido honesta, es la que logra los más copiosos frutos de ella. Porque dan honor aquellas demostraciones que parecen comunes y de poco momento, como son el ser saludados y buscados, el salirles a despedir, levantarse los otros cuando entran, el ser acompañados y consultados; lo cual, entre nosotros, y en algunas ciudades bien civilizadas, se observa con mucha exactitud. A Lisandro lacedemonio (de quien poco ha hice mención), dicen que se le oyó muchas veces que en su ciudad tenían los viejos un domicilio muy honrado; que en ninguna parte se honraba más a los de esta edad, ni era más estimada. Y también sabemos, por tradición, que habiendo entrado un hombre de muchos años en unas fiestas que había en el teatro de Atenas, estando todo lleno de gente, no le hicieron lugar sus conciudadanos en parte alguna; mas, llegando a los lacedemonios, que estaban como embajadores en lugar señalado, se levantaron todos e hicieron sentar entre ellos al anciano. A los cuales, como aplaudiese a una voz todo el teatro, dijo entonces uno de ellos, que los atenienses sabían bien lo que era justo, pero que no querían hacerlo.

Hay en nuestro colegio muchos estatutos excelentes, y especialmente el de decir los más viejos su parecer primero que los demás, prefiriéndose los agoreros más ancianos, no solamente a los que tienen más honor, sino también a los que gobiernan actualmente. ¿Qué deleites, pues, del cuerpo se pueden comparar con estos premios de la autoridad? A mí me parece que los que han sabido merecer y usar bien de estas atenciones, acabaron ya esta comedia de la vida, y no se han desgraciado en el último acto, como representantes poco ejercitados. Pero dirá alguno que los viejos son pesados, tímidos, iracundos, impertinentes, y si vamos a averiguar también, avarientos; mas, estos vicios son de las costumbres, no de la vejez. La mala condición, y estos otros defectos que he dicho, tienen algo de excusa, no justa en realidad, pero que parece puede pasar. Piensan los viejos que los desprecian, que les tienen en poco y que se burlan de ellos; además, cualquiera ofensa en un cuerpo caduco y delicado, es de mucho sentimiento; mas todo esto se hace más dulce y tolerable con las buenas costumbres y ejercicios honestos. Lo cual se puede conocer así en la vida como en la escena por aquellos dos hermanos de los adelfos (¹): el uno, de mucha aspereza, y el otro, al contrario, de suma apacibilidad. Y así van todas las cosas; las edades se pueden comparar con los vinos; que así como no todos se avinagran por añejos, así no toda edad se acaba por avanzada. Soy de sentir que haya seriedad en la vejez, y ésta, como todo lo demás, moderada; pero aspereza, de ninguna manera. Mas aquello de la avaricia en los viejos, yo no sé qué quiera decir; porque, ¿puede haber mayor simpleza que hacer mayores prevenciones para el viaje cuando resta menos camino que andar?

CAPÍTULO XIX

O no es mal alguno la muerte, o es un mal común a la juventud y a la vejez

Mas pasemos a la cuarta y última causa, que parece tiene muy cuidadosa y acongojada a nuestra edad: ésta es la cercanía de la muerte, que en verdad

---

(¹) Mición y Demea, cuyos caracteres opuestos pinta maravillosamente en su comedia "Terencio".

no puede andar muy lejos de la vejez. ¡Pero miserable de aquel viejo que en el tiempo de su larga vida no ha conocido que es despreciable la muerte! La cual, o absolutamente se ha de tener en nada si mata también el espíritu, o se ha de apetecer si le conduce a alguna parte donde haya de ser eterno; porque no hay otro medio. ¿Pues qué nos queda que temer, si o no hemos de ser infelices después de la muerte, o hemos de ser colmados de felicidad? Aunque, ¿quién hay tan insensato (aunque sea mozo), que esté seguro de que ha de vivir hasta la tarde? Antes los mozos están expuestos a más casualidades de morir que nosotros; caen en enfermedades con más facilidad; enferman más gravemente, y se curan con más dificultad; y así, son pocos los que llegan a viejos; que si llegasen muchos, se viviría mejor y con más prudencia. Porque el entendimiento, la razón y consejo residen en los viejos, que si no los hubiera, ni repúblicas hubiera tampoco. Mas volvamos a la muerte cercana. ¿Qué delito es éste en la vejez, que hallamos ser también común a la mocedad? Bien conocía yo en mi hijo amado, y en tus dos hermanos, Escipión, que se les estaba esperando para las mayores dignidades, que la muerte era común a todas las edades.

Pero el joven espera vivir mucho, y el viejo ya no puede esperarlo. Vanas y necias son sus esperanzas. Porque, ¿qué mayor necedad que tener lo falso por verdadero, lo incierto por averiguado? Mas, el viejo, ni aun puede tener esperanza. Pero es de mejor condición que el mozo, porque lo que éste espera, ya el otro lo ha conseguido. El mozo quiere vivir mucho, y el viejo ya lo ha vivido. Aunque ¡oh, buen Dios!, ¿qué cosa se puede llamar larga en la vida del hombre? Imaginémosla lo más larga que sea posible; esperemos vivir la edad del Rey de los tartesios, pues (según hallo escrito), hubo uno, llamado Argantonio, en Cádiz, que reinó ochenta años y vivió ciento veinte.

A mí nada me parece duradero que haya de tener algún fin; porque cuando éste llega, aquello que ha pasado se desvaneció ya, y sólo nos queda lo que con la virtud y buenas obras hayamos alcanzado. Se pasan las horas, los días, los meses y los años, y el tiempo pasado nunca vuelve, ni se sabe el que vendrá. Conténtese cada uno con aquel espacio de tiempo que se le concede para vivir. Porque no necesita el representante hacer toda la comedia, para que se le dé su alabanza, basta que se porte bien en el acto que tiene que ejecutar; ni el varón sabio necesita llegar hasta la última jornada.

El tiempo de la vida, aunque corto, bastante largo es para vivir bien y honestamente; y si pasare más adelante, no lo debemos sentir más que sienten los labradores la venida del verano y el otoño después de la primavera. Esta se compara con la juventud, que manifiesta los venideros frutos; el demás tiempo es a propósito para segar y para cogerlos. El fruto de la vejez, como ya he dicho, es la copia y la memoria de los bienes que antes se han adquirido; y se ha de contar entre los bienes todo cuanto lleva de suyo la naturaleza. ¿Pues qué cosa más natural que el morir los viejos? Lo cual sucede también a los mozos, contradiciéndolo y repugnándolo la Naturaleza. Y así me parece a mí que mueren éstos como cuando se ahoga un fuego con gran cantidad de agua; y los viejos como cuando él mismo, sin violencia, consumiéndose, se apaga. Y al modo que las manzanas en el árbol, si están verdes, se arrancan por fuerza; pero en estando maduras y sazonadas, ellas mismas se caen, así a los mozos les quita la violencia la vida, y a los viejos la misma edad madura. La cual, a mí me es tan gustosa, que cuanto más cerca estoy de la muerte, tanto más presto me parece como que veo la tierra, y que alguna vez he de llegar al puerto después de una larga navegación.

CAPÍTULO XX

Por qué deben los viejos temer poco la muerte.

Todas las edades tienen sus límites ciertos y fijos; mas la vejez no los tiene, y se vive bien en ella mientras puede uno cumplir y mantener las obligaciones de su estado, y, sobre todo, despreciar la muerte. De donde nace que es la vejez más fuerte y animosa que la mocedad. Esta fué la respuesta que dió Solón al tirano Pisístrato; el cual, como le preguntase en qué esperanza fiado le resistía con tanta animosidad, dicen que le respondió: en la vejez. Mas el mejor modo de acabar la vida es cuando estando entero el entendimiento y los demás sentidos, deshace la Naturaleza la obra que ella misma construyó. Porque, así como deshace más fácilmente una nave o un edificio el mismo que le levantó, del mismo modo deshace muy bien la Naturaleza el edificio del hombre, que antes compuso y ordenó. Además, toda composición reciente cuesta mucho trabajo deshacerla; al contrario la que ya está consumida de los tiempos. De aquí es que los viejos ni han de desear con ansia aquel poco tiempo que les resta para vivir, ni le han de abandonar sin justo motivo; y Pitágoras enseña, que ninguno sin orden del general, esto es, de Dios, se aparte de la guardia y puesto de la vida. Hay también un elogio del sabio Solón, en que dice que no quiere que falten en su muerte el sentimiento y lágrimas de sus amigos; quiere, a mi parecer, que le amen los suyos. Pero no sé si mejor Enio:

Nadie en mi muerte me honre con su llanto,
Que andaré vivo en boca de los hombres;

juzga, que no se debe llorar aquella muerte a que se sigue la inmortal fama.

Ya, pues, el sentimiento de morirse, si es que puede haber alguno, éste dura muy poco, particularmente a los viejos; y después de la muerte, o se ha de desear el sentido, o absolutamente no le hay. Pero debe de estar esto pensado desde la mocedad para que despreciemos la muerte; sin cuya meditación, nadie puede gozar de sosiego y tranquilidad de ánimo, porque sabemos que hemos de morir, y lo que no sabemos es si será en este mismo día. Y así, el que teme la muerte, que cada hora nos amenaza, ¿cómo podrá vivir quieto y tranquilo? Para hacernos superiores a este temor, no son necesarios largos discursos, si traemos a la memoria, no solamente a L. Bruto, que fué muerto por la libertad de la patria, ni a los dos Decios, que voluntariamente se ofrecieron a la muerte apretando la carrera de los caballos a meterse por medio de los enemigos; no a M. Atilio, que se partió a morir evidentemente por cumplir la palabra que dió al enemigo; no a los dos Escipiones, que hasta con sus mismos cuerpos quisieron hacer valla para cerrar el paso a los cartagineses; ni a tu abuelo L. Paulo, que pagó con su vida en la vergonzosa derrota de Canas la temeridad de su compañero; ni a M. Marcelo, cuyo cadáver no pudo sufrir el enemigo tan cruel que quedase sin el honor de sepul-

tura, sino a nuestras legiones, que, con ánimo constante y esforzado (como escribí en los Orígenes),
han entrado muchas veces en empresas de donde
nunca pensaban volver. ¿Y temerán los viejos sabios
lo que desprecian unos jóvenes, no sólo ignorantes
sino aun rústicos? A mí me parece que la hartura
de todas las cosas hace que se harte uno también de
vivir. Tienen los niños sus inclinaciones propias;
por ventura, ¿las desean éstas los jóvenes? Tiene la
mocedad también las suyas; ¿las pide acaso la edad
varonil grave, que se llama media? Y esta edad
también las tiene, las cuales no apetece la vejez; y,
finalmente, las hay en esta última edad; pues así
como se acaban las de las otras edades, del mismo
modo se acaban las de la vejez; y en llegando este
tiempo, ya el cansancio de la vida trae consigo la
ocasión oportuna de morir.

CAPÍTULO XXI

Pruebas de la eternidad e inmortalidad del alma.

Mas no hallo motivo para no deciros lo que siento
acerca de la muerte; que me parece lo veo mejor
porque estoy más cerca de ella. Yo juzgo que ahora
viven vuestros padres P. Escipión y C. Lelio, hombres muy esclarecidos y amigos míos, y la vida que
merece este nombre propiamente. Porque, mientras
estamos detenidos en éstas como ligaduras del cuerpo, estamos como forzados, remando a la cadena,
sujetos a las necesidades y otras cargas muy pesadas.
Baja el alma celestial desde aquel elevado domicilio
a ser oprimida y sumergida en la tierra, lugar contrario a la divina naturaleza y a la eternidad. Mas

creo que los dioses inmortales infundieron las almas en los cuerpos humanos, para que ellas mantuviesen la máquina del Universo, y contemplando el orden de las cosas del cielo, le imitasen en la regla y constancia de su vida. Y no sólo para creerlo así me gobierno por razón y discurso, sino me inclina a ello la autoridad de algunos grandes filósofos.

Había oído que Pitágoras y todos los discípulos suyos, casi vecinos nuestros, que se llamaron antiguamente filósofos itálicos, jamás, pusieron duda en que nuestras almas fuesen derivadas y desprendidas de la mente divina; también tenía presente el discurso que hizo Sócrates el último día de su vida sobre la inmortalidad de las almas; aquel a quien el oráculo de Apolo declaró por el más sabio de todos los hombres. Mas, ¿para qué me canso? Yo estoy persuadido y soy de sentir, que siendo tanta la viveza de nuestros ánimos, la memoria de lo pasado, la prudencia de lo venidero, tantas artes, tantas ciencias, tantas invenciones, no puede ser mortal una naturaleza que comprende estas cosas; y que, siendo continuo el movimiento del ánimo, y no teniendo principio este movimiento, porque se mueve a sí mismo, tampoco ha de tener fin, porque nunca se ha de dejar a sí mismo. Y siendo la naturaleza del ánimo simple, sin estar mezclada con otra desigual y desemejante, así no puede ser dividida; y si es indivisible, tampoco puede acabar. Y, en fin, que es grande prueba de que los hombres saben muchas cosas antes de nacer, que desde la puericia, cuando aprenden las artes dificultosas, cogen con tanta prontitud tan innumerables cosas, que parece que no las oyen entonces la primera vez, sino que las traen a la memoria. Esta es casi toda doctrina de Platón.

CAPÍTULO XXII

Discurso de Ciro poco antes de su muerte.

Xenofonte introduce a Ciro, haciendo este discurso al tiempo de su muerte: "No penséis jamás, amados hijos míos, que, en apartándome de vosotros, no estaré en alguna parte, o que me convertiré en nada; porque tampoco cuando estaba en vuestra compañía veíais mi alma, sino que conocíais estaba en este mi cuerpo por mis operaciones: creed que permanece la misma, aun cuando no la veáis. Pues tampoco permanecerían los honores de los hombres ilustres, si nada hicieran sus almas, para que su memoria durara en nosotros por más tiempo.

Yo, jamás he podido persuadirme a que nuestros ánimos vivían mientras habitaban en este cuerpo mortal, y que morían en separándose de él: ni tampoco que era necio aquel ánimo que se apartase del cuerpo de un necio, sino que cuando estuviese libre de toda mezcla del cuerpo y comenzase a estar puro y entero entonces era verdaderamente sabio. Y también cuando se descompone la naturaleza del hombre por la muerte, se sabe claramente el paradero de todas las otras cosas, porque todas van al mismo lugar donde fué su origen; sólo el alma no se deja ver, ni cuando está en el cuerpo, ni cuando se aparta de él. Ya, pues, no hay cosa más semejante (como veis) a la muerte, que el sueño. Y declaran grandemente su divinidad los ánimos de los que duermen; porque ven cuando están tranquilos y libres mucho de lo venidero; por donde se entiende lo que serán cuando enteramente se hayan separado de las prisiones del cuerpo; por lo cual, si esto es así, reverenciadme como a un dios; pero, si juntamente muere el alma con el cuerpo, vosotros, no obstante que respetáis a los dioses, que mantienen y gobiernan toda esta hermosa máquina del Universo, conservaréis mi memoria piadosa e inviolablemente." Esto dijo Ciro al morir. Examinemos también, si me dais licencia, lo que sentimos nosotros.

CAPÍTULO XXIII

Pruebas acerca de la inmortalidad del alma; consuelos de la muerte.

Nadie me podrá nunca hacer creer, ¡oh Escipión!, que tu padre Paulo o tus dos abuelos Paulo y Escipión Africano, o el padre de Africano, o el tío y otros muchos varones excelentes, que no es necesario nombrar ahora, acometieran tan grandes empresas, que duran en la memoria de la posteridad, si no vieran con los ojos del alma que les había de alcanzar a ellos también esta gloriosa memoria. ¿Juzgas, por ventura (por alabarme un poco, como es propio de los viejos), que hubiera yo emprendido tantos trabajos de día y noche, en paz y en guerra, si hubiera de acabar mi gloria en los mismos términos que la vida? ¿No me hubiera sido mejor para esto vivir una vida quieta y sosegada sin empeño ni trabajo alguno? Pero no sé de qué modo, levantándose el ánimo, miraba siempre a la posteridad, como si hubiese de vivir cuando saliese de esta vida; por cierto que si no fuera verdad que las almas son inmortales, no se empeñara tanto por la gloria inmortal el ánimo de cualquiera hombre muy bueno. ¿Y qué diremos de que el hombre muy sabio muere con mucha resignación, y el necio de muy mala gana? ¿No os parece que el ánimo que ve más y con más penetración, ve que se parte a mejor estado; y que esto no lo ve el que tiene embotado el juicio? Muchísimo deseo tengo de ver a vuestros padres, a quienes traté y estimé mucho; y no solamente tengo ardentísimos deseos de ver a los que he conocido, sino a aquellos también de quienes he oído hablar, o yo mismo he leído y escrito. Al cual término, encaminándome yo, nadie me haría fácilmente volver atrás, ni me fundiría de nuevo como a Pelias (¹). Y si algún dios me concediera volverme de esta edad a la de niño otra vez, y llorar en la cuna, lo resistiría mucho; pues no quiero desde el fin de la carrera volverme otra vez al principio.

Porque, ¿qué conveniencias hay en la vida? Antes muchos trabajos, y demos que las haya; también tienen su duración y término. No porque soy yo de los que lloran la vida, como han hecho muchos, y hombres sabios, ni tampoco me pesa de haber vivido, porque he vivido de modo que no me parece haber nacido en balde, y salgo de esta vida como de una posada, no como de una casa; porque no nos ha dado la Naturaleza casa donde habitemos, sino posada donde paremos poco. ¡Oh dichoso y feliz día aquel en que me parta a aquella divina junta de los ánimos, y deje esta baraúnda del mundo! Porque no solamente iré a ver a todos estos grandes hombres, de quienes arriba he hecho mención, sino también a mi amado hijo Catón, el mejor y más piadoso que ha nacido hasta ahora; cuyo cuerpo quemé yo, de-

(¹) A quien, siendo ya muy viejo, restituyó Medea a la juventud, infundiéndole nueva sangre en las venas. Algunos cuentan esto de su hermano Eson.

biendo ser al contrario, que él quemase el mío. Pero su ánimo, no dejándome, sino volviéndose a mirarme, se partió a aquel paraje donde conocía que yo había de ir también otro día. La cual desgracia ha parecido que la llevaba con grandeza y valentía de ánimo, no porque así fuere, sino porque me consolaba en pensar que no podía ya ser muy largo nuestro apartamiento.

Por estas cosas, Escipión y Lelio (que de esto me dijisteis que os admirabais), me parece tolerable la vejez, no sólo no molesta, sino aun gustosa. Y si yerro en pensar que las almas de los hombres son inmortales, yerro con toda mi voluntad; y no quiero que me saquen de este error mientras vivo, porque en él me gozo; y si después de muerto (como han creído algunos filósofos de poco nombre) no he de tener sentido, no temo que los filósofos muertos se rían de este error mío. Mas si no hemos de ser inmortales, es de desear al hombre morirse a su tiempo. Porque tiene la naturaleza, como en todas las cosas, su moderación y término en el vivir. La vejez es en la vida como la última jornada de la comedia, cuyo cansancio debemos huir, particularmente si se añade el estar hartos y satisfechos de vivir. Esto es lo que se me ha ofrecido hablar acerca de la vejez; ¡ojalá lleguéis vosotros a ella, para que podáis confirmar con la experiencia lo que me acabáis de oír!

LELIO

o

DIÁLOGO DE LA AMISTAD

A TITO POMPONIO ATICO

ARGUMENTO

Examina Cicerón en este diálogo cuál es el origen de la amistad. Impugna la opinión de algunos sofistas, que atribuían este origen a las necesidades de los hombres, y prueba que el amor a la virtud es el principio natural de la amistad. Pasa después a señalar las calidades y condiciones de los amigos, para que no nos equivoquemos al escogerlos, las cuales reduce a la semejanza de costumbres buenas y a la conformidad del genio y demás prendas naturales. Y últimamente entra a prescribir las obligaciones respectivas de los amigos, dando muy buenos consejos en todas ellas, y aplicando a todos los casos ejemplos muy a propósito para confirmación de su doctrina.

CAPÍTULO PRIMERO

*Razones que movieron a Cicerón a escribir
este diálogo.*

Quinto Mucio, el agorero ([1]), solía contar con
gracia muchas cosas de su suegro C. Lelio, que tenía
muy presentes en la memoria, y no dudaba llamarle
sabio en todas las conversaciones. Mas a mí me
dedicó mi padre, desde que tomé la toga viril, a Escévola ([2]), de suerte que jamás me apartaba del
lado de este viejo, en cuanto yo podía y lo permitían
sus ocupaciones. Y así, grababa en la memoria muchas cosas de que él hablaba como sabio, muchas
sentencias breves, pero oportunas y vivas, procurando aprovecharme de su capacidad y de su experiencia. Muerto éste, me dediqué de nuevo al pontífice Escévola, de quien me atrevo a decir que era el
hombre de más talento y más ajustado que se conocía
en Roma. Mas de éste ya hablaremos en otra ocasión;
volvamos al agorero. Entre otras muchas cosas que
contaba, me acuerdo que en su casa, sentado (como
allí se acostumbraba) en un circo, estando yo presente con algunos amigos, vino a parar en una no-
vedad, que era entonces el objeto de las conversaciones de todos. Bien te acordarás, Atico, y más por

([1])   El sacerdocio de los agoreros era perpetuo; por eso se
añade como sobrenombre: éste es aquel Q. Mucio Escévola,
que fué cónsul el año 637 de la fundación de Roma. Casó
con Lelia, émula de la elocuencia de su padre.
([2])   A los diez y siete años se dedicó a este varón principal de la ciudad, según las costumbre de aquellos que se
disponían para la curia y el foro.

el trato que tenías tan familiar con Publio Sulpicio, qué admiraciones y sentimientos de dolor se excitaron en algunos cuando este tribuno de la plebe estaba enemistado gravemente con Q. Pompeyo, que entonces era cónsul, habiéndose tratado antes los dos con muy estrecha amistad. Pues llegando a este punto Escévola, nos refirió el discurso que sobre la amistad hizo Lelio a él y al otro yerno suyo, C. Fanio, hijo de Marco, pocos días después de la muerte de Africano (¹). De esta conversación se me fijaron algunas sentencias en la memoria, las cuales he extendido en este libro a mi modo; en el cual introduzco como interlocutores los mismos sujetos, por evitar la molesta repetición de las palabras *dijo* y *decía*; y también porque parezca una conversación entre presentes.

Porque como tratabas muchas veces conmigo, Atico, que escribiese alguna cosa sobre la amistad, me ha parecido asunto digno de la nuestra y del público; y así, de buena gana pretendo aprovechar a muchos condescendiendo con tus ruegos. Mas como en el Catón mayor, que te escribí sobre la vejez, introduje hablando al viejo Marco Catón, porque ninguna persona juzgué más a propósito para hablar de ella que aquel que había sido viejo muchísimos años, y en la misma vejez se había señalado entre todos; así, habiendo oído a nuestros mayores que era muy digna de memoria la amistad de C. Lelio y P. Escipión, me pareció digna persona la de Lelio para discurrir sobre la amistad aquellas mismas cosas que se acordaba mi amigo Escévola haberle oído hablar. Porque este género de conversaciones en boca de

(¹) Este es Africano el Menor, que destruyó a Cartago, vencida ya por Africano el Mayor; fué hijo de L. Emilio Paulo, y adoptado por Escipión, hijo de Africano el Mayor.

hombres antiguos, de autoridad, y de los más ilustres entre ellos, tienen un no sé qué de mayor gravedad. Yo mismo algunas veces, cuando leo mi diálogo, casi llego a creer que no soy yo quien habla, sino M. Catón. Así, pues, como escribí entonces a un anciano sobre la vejez, siendo yo ya entrado en ella, del mismo modo ahora escribo a un amigo de quien yo lo soy mucho, acerca de la amistad. En aquel libro habló Catón, que era casi el más viejo de su tiempo y el más sabio; en éste sobre la amistad habla Lelio, hombre sabio (porque por tal fué tenido), y que excedió a todos en la gloria de ella. Tú aparta de mí un poco la imaginación, y juzga que el que habla es Lelio. C. Fanio y Q. Mucio van a casa de su suegro después que murió Africano; éstos empiezan la conversación; responde Lelio, cuyo discurso es sobre la amistad; en el cual, al leerle tú, te conocerás a ti mismo.

CAPÍTULO II

En qué consistía la sabiduría de Lelio.
Elogio de Catón.

Fanio: Así es como dices, Lelio, porque no ha habido jamás hombre mejor que Africano, ni más esclarecido. Pero debes pensar que todos tienen puestos en ti los ojos, que sólo tú eres llamado y tenido por sabio. Atribuíase este renombre poco ha a M. Catón; de L. Atilio sabemos que fué grande la opinión de sabiduría entre nuestros antepasados; pero de ambos por distinto camino; de Atilio porque era calificado de perito en la jurisprudencia; de Catón por su grande experiencia de muchas cosas, y se celebraban en boca de todos muchas prudentes determinaciones suyas, su mucha rectitud en algunas acciones y su singular prontitud y agudeza en las respuestas, por lo cual llegó a adquirir en la vejez el sobrenombre de sabio. Pero a ti no solamente por tu genio, por tus costumbres, sino también por tus estudios y ciencia te llaman sabio; y no como neciamente suele aclamar el vulgo, sino como acostumbran a juzgar los eruditos, y como ni en la Grecia ha habido semejante. Porque a los que comúnmente son celebrados por los siete sabios, no los suelen poner en este número los que discurren con más delicadeza. Uno sólo sabemos que hubo en Atenas ([1]), que fué declarado sabio por el mismo oráculo de Apolo. Pero en ti juzgan que se halla tal sabiduría, que todos tus bienes los crees dentro de ti mismo, y tienes a la virtud por superior a todas las contingencias humanas. Por lo cual me preguntan, y creo que a ti también, Escévola, con qué resignación has llevado la muerte de Africano; y más porque habiéndonos juntado las nonas pasadas en casa del agorero Decio Bruto a nuestros comentos ([2]), no te hallaste presente, siendo así que el día de la junta, jamás faltabas, cumpliendo con la obligación de tu empleo puntualísimamente.

Escévola: Es verdad, C. Lelio, que lo preguntan muchos como ha dicho Fanio; pero yo les respondo lo mismo que he notado, que llevas con moderación el dolor que has recibido en la muerte de un hombre

([1]) Este fué Sócrates, el cual nunca tuvo empleo en la República; por eso dice después que son alabados sus dichos, y no sus hechos.
([2]) Parece que se juntaba el colegio de los agoreros en las nonas del mes a tratar los asuntos concernientes a su empleo; pero no debían tener sitio señalado donde celebrar sus juntas.

tan grande y tan tu amigo aunque no había podido menos de sentirla, ni esto era correspondiente a tu buen corazón; y que de no haber asistido a la junta de nuestro colegio en las nonas pasadas, fué la causa tu poca salud, y no tu tristeza. LELIO: Dices bien, Escévola, y así es verdad; porque ni yo debí apartarme por ningún mal acontecimiento mío del oficio que siempre he practicado estando bueno, ni juzgo cómo pueda caber en un hombre recto y constante interrumpir sus obligaciones por ninguna perturbación de ánimo que le sobrevenga. Tú, Fanio, en decir que me atribuyen los otros lo que ni yo hallo en mi, ni lo pretendo, obras como amigo; mas en lo que dices de Catón, no me parece que juzgas bien. Porque o no ha habido hasta ahora algún varón sabio, que es a lo que más me inclino, o si le ha habido, lo era M. Catón. Porque, dejando aparte otras cosas, ¿cómo llevó la muerte de su hijo? Bien me acuerdo de la constancia de Paulo (1), y vi yo mismo la de Galo, pero en la pérdida de unos niños (2); más la entereza de Catón, en un hombre ya hecho y visible. Y así, no antepongas a este varón ni al mismo que dices fué reputado por sabio por el oráculo de Apolo; pues de él sólo se alaban los dichos, y de Catón los hechos.

(1)   Este Paulo, padre de Africano, en medio de la alegría del triunfo, perdió dos hijos.
(2)   L. Emilio Paulo, macedónico, y P. Sulpicio, galo, mantuvieron constancia de ánimo en la pérdida de sus hijos; pero eran niños. Catón mostró su entereza en la pérdida de un hijo, que ya era hombre visible, y fué elegido por pretor. Véase el discurso de la vejez al fin.

CAPÍTULO III

Que la muerte no fué un mal para Escipión;
virtudes de éste.

Mas por lo que a mí toca (hablando ya con los dos), si queréis saber el actual estado de mi corazón, es éste: Si yo dijera que no estaba afligido con la muerte de Escipión, los sabios podían juzgar si hacía bien en esto; pero seguramente mentiría. Pues, ciertamente, siento la falta de un amigo, cual no habrá nunca semejante, según yo imagino, y según puedo afirmar, nunca le hubo. Pero no necesito de remedio; yo mismo me aplico la medicina con el consuelo de que no estoy en el error de muchos que se angustian en la muerte de sus amigos. Porque ningún mal juzgo que ha sobrevenido a Escipión; si alguno ha sucedido, ha sido a mí; y afligirse uno gravemente por sus desgracias, no es de quien ama al amigo, sino de quien se ama a sí mismo. Pero en cuanto a él, ¿quién negará que fué feliz? Pues a no pretender la inmortalidad, en que jamás pensó, ¿qué pueden desear los hombres que él no consiguiese? Un hombre que con su increíble virtud comenzó a exceder desde que fué joven las grandes esperanzas que los ciudadanos concibieron de él en su niñez; que jamás pretendió el consulado, y fué dos veces elegido cónsul, la primera antes del tiempo prescrito, la segunda, para él, a su tiempo, mas para la República casi tarde (¹); que destruídas dos poderosas ciuda-

---

(¹)   Apaciguó el pueblo enfurecido por la muerte de Graco. Pero si antes hubiera sido cónsul, hubiera podido reprimir al mismo Graco.

des muy enemigas de este Imperio, desbarató no sólo las guerras presentes, sino las que en adelante pudieran ocasionarse. ¿Pues qué diré de la afabilidad de sus costumbres? ¿De la ternura para con su madre (¹)? ¿De la liberalidad con sus hermanas? ¿De la bondad con sus amigos? ¿Y de la justicia con todos? Esto bien notorio es a vosotros; y el grande amor que le tuvo toda la ciudad, bien lo dió a conocer la tristeza de su funeral. Pues a un varón como éste, ¿qué le hubieran podido añadir algunos años más de vida? Porque aunque la vejez no sea pesada, como me acuerdo que nos decía Catón a Africano y a mí el año antes de morir, con todo, quita aquel verdor en que todavía, se mantenía Escipión. De modo que su vida, o su fortuna o su gloria fué tal, que nada se le puede añadir. Ni sintió la muerte, porque no le dió lugar para ello su celeridad. Qué muerte fué la suya, no se puede asegurar, aunque ya sabéis lo que se sospecha (²). Mas lo que se puede decir con verdad es que, de los muchos días que tuvo Escipión felicísimos y muy alegres, aquél le amaneció más ilustre, en que despedido el Senado, fué acompañado a su casa, la tarde antes que muriese, por los padres conscriptos, los aliados de Roma y los latinos; de suerte que, desde tan alto grado de dignidad, más parece que fué arrebatado a los cielos que no a los infiernos.

(¹) Papiria, a la cual, repudiada por su padre, ayudó él con sus bienes propios, y después de muerta, quiso que la herencia pasase a sus hermanas.

(²) Sospechábase que le habían dado veneno; las sospechas recayeron contra un tal Fulvio, contra Metelo, macedónico, contra el cónsul Sempronio y contra Papirio Carbón por haber resistido una ley que Escipión logró no se recibiese, y por particulares contiendas que habían tenido con él el día antes de su muerte.

CAPÍTULO IV

*Que las almas son sustancias divinas y después
de la muerte tienen abierto el camino del cielo.*

Porque no soy yo de la opinión de aquellos que
poco ha decían que las almas mueren juntamente
con los cuerpos, y que todo se acaba con la muerte.
Vale más para mí la autoridad de los antiguos y de
nuestros antepasados, que atribuyeron a los difuntos,
derechos más religiosos; lo cual en verdad no hubieran hecho si no creyeran que tienen parte los difuntos en las honras que se les hacen; o la de aquellos
que habitaron en nuestra tierra (¹) e instruyeron a
la Grecia Magna, entonces floreciente, y ahora des-
truída; o la de aquel a quien la voz de Apolo declaró
por el más sabio de todos los hombres, el cual no
decía ahora una cosa, ahora otra, sobre este punto
como en los más, sino siempre lo mismo; que las
almas de los hombres son inmortales, y que en saliendo del cuerpo está patente el camino del cielo,
muy abierto y desembarazado para los más virtuosos
y justos. Lo mismo sentía Escipión, el cual, como si
adivinara, habló por espacio de tres días acerca de la
República, estando presentes Filo y Manilio, y tú
también, Escévola, que fuiste en mi compañía, con-
cluyendo con un discurso sobre la inmortalidad de
las almas, que decía haberle oído a Africano en un
sueño. Pues si es cierto que con tanta facilidad vuela
el ánima de los justos de estas como ataduras y prisiones del cuerpo cuando muere, ¿a quién diremos

---

(¹) Esto se entiende de la secta itálica, cuyo autor fué
Pitágoras.

que ha sido más fácil remontarse a los cielos que a Escipión? Por lo cual, afligirse de este acontecimiento, me temo no sea más envidia que amistad. Y si es más cierta la otra opinión de que con los cuerpos mueren juntamente las almas, y que ningún sentido queda después; así, como en la muerte nada hay de bueno, de malo tampoco por consiguiente. Porque perdido el sentido, queda el hombre como si no hubiera nacido absolutamente; y de que éste haya nacido nos alegramos nosotros, y la ciudad se alegrará para siempre.

Por lo cual, Escipión ha sido muy dichoso; yo infeliz, que fuera más regular que saliera primero de este mundo porque primero vine a él. Pero como quiera, es tal mi complacencia en acordarme de que fuimos amigos, que tengo a dicha el vivir por haber vivido con Escipión, con quien fué común mi cuidado en los asuntos del público y particulares, común la paz en Roma y la milicia en las guerras, y un sumo consentimiento, en que consiste la mayor fuerza de la amistad, en los estudios, en los deseos y en los pareceres. Y así no me lisonjea tanto este concepto de sabio, de que Fanio me ha hablado, especialmente siendo falso, como la esperanza de que la memoria de nuestra amistad ha de ser eterna. Y tanto más la tengo en el corazón, porque en todos los siglos apenas se cuentan seis u ocho verdaderos amigos, en cuyo número espero que la amistad de Escipión y Lelio ha de ser conocida de la posteridad.

FANIO: Y es preciso que lo sea, Lelio. Mas ya que has hecho mención de la amistad, y estamos de más ahora, me harás el mayor placer, y creo que también a Escévola, si como acostumbras sobre otras cosas cuando te preguntan, así de la amistad nos dices qué juicio haces, cuál juzgas ser amistad y las reglas que prescribes. Escévola: A mí ciertamente me será de gran gusto, y queriendo yo pedírtelo, me ha preocupado Fanio la palabra; por lo cual a entrambos nos será muy agradable.

CAPÍTULO V

Cuánta sea la fuerza de la amistad, no puede hallarse sino entre los buenos; quiénes merecen este título.

Lelio: No tendría dificultad, si tuviera confianza en mis fuerzas, porque es asunto que lo merece, y estamos de más, como ha dicho Fanio. ¿Pero qué hombre soy yo? ¿O qué facultad hay en mí para ello? Esta es la costumbre de los doctos, y en especial de los griegos, el proponerles de qué hablar, aunque sea de repente; es negocio grande, y necesita de no pequeño ejercicio. Y así, en los que están acostumbrados a este género de discursos, juzgo que debéis buscar lo que se puede decir de la amistad; yo sólo puedo aconsejaros que la antepongáis a todas las conveniencias de la vida; porque ninguna cosa hay tan conforme a la naturaleza, ni tan a propósito para los sucesos favorables o adversos. Mas en primer lugar soy de parecer que no puede haber amistad sino entre hombres de bien, y esto no lo hemos de adelgazar tanto, como los que discurren con sutilezas (¹); que ello será verdad; pero no es lo que se encuentra regularmente en la vida humana. Dicen que no hay hombre de bien sino el sabio. Bien: sea así; pero lo entienden de una sabiduría que ningún hombre ha conseguido hasta ahora; nosotros hemos

(¹) Los estoicos, que pedían cierta manera excelente de bondad y sabiduría, de que apenas son capaces los hombres.

de mirar a lo que por experiencia se halla en la vida común, y no lo que sólo existe en la idea del deseo. No me atreveré yo a decir que fueron sabios, según la regla de éstos, C. Fabricio, M. Curio y T. Coruncano, a quienes tuvieron por tales nuestros antepasados. Y así, buen provecho les haga su nombre de sabiduría, igualmente odioso que poco inteligible y concédannos, a lo menos, que éstos fueron hombres de bien; pero ni aun eso; dirán que esto no puede concederse sino a un sabio.

Vamos nosotros más a la pata llana (como suelen decir), y creamos que los que viven y se portan de suerte que se experimenta su fidelidad, su integridad, su bondad y liberalidad, que en ellos no se descubren deseos, ni liviandades, ni atrevimientos, y que son como los que acabo de nombrar, de gran constancia, como fueron reputados por buenos, así se les debe llamar; porque siguen (cuanto cabe en hombres) a la Naturaleza ([1]), que es la mejor maestra de la vida. A mí me parece que todos hemos nacido con cierto vínculo de sociedad, que a todos abraza, aunque ésta es más estrecha a proporción de la conexión más cercana de unos con otros. Y así, son mejores para amigos los ciudadanos que los extranjeros, los parientes que los extraños; porque entre éstos engendró amistad la misma naturaleza, aunque no es de gran constancia, pues en esto excede al parentesco la amistad en que él dura, y permanece aún sin amor, y la amistad no; porque en faltando el amor, se deshace. Mas cuánta es la fuerza de

---

([1]) Este se llama el sumo bien en el libro primero de los "Oficios", capítulo VII, y en el libro primero de "Legibus", capítulo XXI. Aquél, pues, sigue a la naturaleza que vive según sus leyes, y nada deja pasar cuanto está de su parte por conseguir aquellas cosas que la Naturaleza desea.

la amistad, se puede colegir de que una infinita sociedad que compone la naturaleza, la estrecha la amistad, y la contrae de suerte que une todo el amor en dos o pocos más sujetos (¹).

CAPÍTULO VI

Definición y excelencia de la amistad.

No es otra cosa la amistad que un sumo consentimiento en las cosas divinas y humanas, con amor y benevolencia; don tan grande, que no sé si han concedido los dioses (excepto la sabiduría) otro mayor a los mortales. Prefieren unos las riquezas, otros la buena salud, otros el poder, otros las honras, y muchos, los deleites; esto último es propio sólo de las bestias, y lo otro, caduco y perecedero, dependiente no de nuestro arbitrio, sino de la inconstante fortuna. Y así discurren noblemente los que constituyen el sumo bien en la virtud y esta misma es la que engendra y mantiene las amistades, de modo que, sin ella, no puede haberlas en manera alguna. Interpretemos, pues, la virtud, como la acostumbramos a entender, por el uso común de la vida y nuestros discursos, y no la midamos como algunos doctos por cierta magnificencia de palabras; contemos por buenos a los que son tenidos por tales, como los Paulos, los Catones, los Galos, Filos, Escipiones, con los cuales se contenta lo común de la vida, y dejemos aquellos que nos es imposible hallar. Entre tales su-

_____

(¹) Las amistades que celebraban los antiguos griegos son entre dos solamente, como la de Teseo y Piritóo, la de Aquiles y Patroclo, la de Orestes y Pílades, la de Damon y Pitias, la de Pelópidas y Epaminondas.

jetos, tiene la amistad tantas conveniencias, cuantas yo no sabré decir.

Porque, en primer lugar, ¿cómo puede ser soportable (como dice Enio) aquella vida que no descansa en la mutua benevolencia de un amigo? ¿Qué cosa tan dulce como tener uno con quien hablar de todo tan libremente como consigo mismo? ¿Sería por ventura tan grande el fruto de las prosperidades, si no tuviéramos quien de ellas se alegrara tanto como nosotros? ¿Y se podrían sufrir las adversidades sin uno que las sintiese aún más que los mismos que las experimentan? Finalmente, todas cuantas cosas se apetecen, cada una tiene su uso particular; la riqueza, para el uso; el poder, para la veneración; las honras, para el aplauso; los deleites, para la fruición; la salud, para no sentir dolores y estar expedito en los ejercicios corporales; la amistad, abraza muchas cosas; a cualquiera parte que nos volvamos, la encontramos pronta, en todas tiene lugar, nunca es impertinente, jamás molesta. De modo que no usamos más del agua y del fuego, como dicen, que de la amistad. Y no hablo ahora de una amistad vulgar o mediana (aunque también ésta deleita y aprovecha), sino de la verdadera y perfecta, como fué la de aquellos pocos que son tan nombrados. Esta hace más abundantes las prosperidades y las adversidades, partiéndolas y comunicándolas, más llevaderas.

CAPÍTULO VII

Ventajas que trae consigo la amistad.

Mas siguiéndose tantos y tan grandes provechos de la amistad, el mayor de todos es que hace concebir buenas esperanzas para todo lo que puede sobrevenir, y no deja que desfallezcan o se acobarden los ánimos; porque al verdadero amigo le mira el otro como a una imagen de sí mismo; y así, se hacen presentes los ausentes, los necesitados abundantes, los flacos poderosos, y lo que es más dificultoso de creer, se hacen los muertos vivos; tal es la honra, el deseo, la memoria que les sigue siempre de sus amigos. De este modo, parece la muerte de los unos dichosa, y la vida de los otros digna de alabanza. Pero si se destierra del mundo la unión de la benevolencia, ninguna casa, ninguna ciudad subsistirá, ni aun el cultivo de los campos podrá permanecer, y si por esto no se entiende bastante, cuanta sea la fuerza de la amistad y de la concordia, de las disensiones y discordias, se podrá entender. Porque, ¿qué casa hay tan fuerte, qué ciudad tan estable que los odios y discordias no puedan derribar? De donde se puede conocer cuánto bien se encierra en la amistad.

De cierto hombre docto agrigentino (¹), se cuenta haber dejado escrito en versos griegos, que todas cuantas cosas existen y se mueven en la máquina del Universo, las une y contrae la amistad y las disipa o las deshace la discordia, y esta es una verdad generalmente reconocida y acreditada por la experiencia. Y así, si alguna vez interpuso un amigo sus oficios ofreciéndose al peligro, o a acompañar a otro en el que se halla, ninguno deja de aplaudirlo con las mayores alabanzas. ¿Qué gritos de aclamación no se movieron en todo el teatro con la nueva fábula de mi huésped y amigo M. Pacuvio, cuando ignorando el Rey quién de los dos era Orestes, Pílades decía

(¹) Empédocles, que puso estos dos principios en la Naturaleza. la discordia y la amistad.

que él era, para morir en su lugar, y Orestes aseguraba muy de veras que era él, como así era cierto? Aplaudíanlo los espectadores siendo fingido; ¿pues qué imaginaremos que harían si fuese cierto? Bien mostraba su inclinación la naturaleza, pues hacía parecer bien en otros lo que quizá no podían ellos hacer en caso semejante. Hasta aquí me parece que os he declarado mi sentir acerca de la amistad; si algo resta (que bien creo será mucho), lo podéis preguntar, si os parece, a los que hablan sobre estos asuntos.

Fanio: Mas nosotros mejor lo queremos saber de ti, aunque otras veces lo he preguntado a esos que dices, y los he escuchado no contra mi gusto; pero otra es la discusión que esperamos de tu discurso. Escévola: Con más razón lo diríais, Fanio, si te hubieras hallado días pasados en casa de Escipión cuando se habló de la República. ¡Qué gran patrono se declaró entonces de la justicia contra un discurso muy estudiado de Filo! Fanio: Era cosa muy regular en un hombre tan justificado defender la justicia. Escévola: ¿Pues de la amistad? ¿No le será muy fácil cuando por haberla mantenido con tanta justificación, fidelidad y constancia ha merecido tanta gloria? Lelio: Esto es ya forzar a uno; porque, ¿qué importa que haya razón para obligarme? A la verdad, me hacéis fuerza; porque a los deseos de los yernos, particularmente en un asunto por sí tan honesto, es difícil y aun no es justo resistirse.

CAPÍTULO VIII

Origen de la amistad.

Muchas veces, pues, cuando me paro a pensar en la amistad, me parece digno de la mayor consideración si se introdujo por flaqueza y necesidad, de suerte que, por recíprocos oficios, reciba uno de otro lo que no alcanza por sí mismo y lo vuelva mutuamente; o si era esto propio y consiguiente de la amistad, pero su origen más antiguo, más honesto y más hijo de la naturaleza. Porque el amor (que ha dado nombre a la amistad), es el principal motivo de conciliarse la benevolencia. Pues las utilidades se suelen experimentar también de aquellos a quienes se trata y respeta por las circunstancias del tiempo; pero en la amistad nada es fingido, nada disimulado, todo cuanto hay en ella es verdadero y todo proviene de la voluntad.

Y así, más me parece que la amistad es hija de la naturaleza que de la necesidad; y más de la aplicación del ánimo con cierto sentido de amar que del pensamiento de las utilidades que podrá traer. Como esto sea, es fácil de notar en algunos animales, que de tal suerte aman y son amados de sus hijos hasta cierto tiempo, que manifiestan bien su sentido; lo cual, en los hombres, es más evidente. Lo primero, por aquel amor que hay entre padres e hijos, que no puede romperse sino por una horrible maldad. Lo segundo, cuando resulta igual inclinación a amar, si hemos encontrado alguno con quien congenie nuestra índole y costumbres; porque en él parece que miramos como en un espejo cierto resplandor de bondad y virtud. Pues no hay cosa más amable que la virtud ni que más concilie el amor de los hombres, por lo cual amamos también en cierto modo aun a los que nunca hemos visto. ¿Quién se acordará sin un género de cariño y benevolencia de M. Curio y G. Fabricio, a quienes jamás vió? Al contrario a Tarquino el soberbio, y a los Espurios Casio y Melio, ¿quién podrá mentarlos sin aborrecimiento? En la

Italia se peleó sobre el Imperio con dos generales: Pirro y Aníbal; con el uno, por su bondad no está muy rencoroso nuestro ánimo; pero al otro, por su crueldad, le aborrecerá siempre esta ciudad.

CAPÍTULO IX

La amistad toma su origen de la naturaleza, y de la necesidad.

Pues si es tan grande la fuerza de la bondad, que la amamos aun en aquellos sujetos que no hemos visto jamás, y lo que más es, en los mismos enemigos, ¿qué mucho que se muevan los ánimos de los hombres cuando les parece que conocen bondad y virtud en otros con quienes pueden tratar familiarmente? Verdad es que se confirma el amor recibiendo beneficios, experimentando la voluntad y añadido el trato; de las cuales circunstancias, unidas al primer movimiento del ánimo y del amor, resulta una admirable grandeza de cariño, el cual, si juzgan algunos que ha nacido de la flaqueza y necesidad (como si fuera el medio por que cualquiera alcanza lo que ha menester), por cierto que atribuyen a la amistad un origen muy bajo y nada honroso, por decirlo así, queriendo que haya dimanado de la escasez y pobreza. Si esto fuera cierto, cuanto menos facultades, cuanto menos prendas hallara un hombre en sí mismo, sería para la amistad el más proporcionado; pero es muy al contrario; porque aquel que más confía de sí propio, que está tan bien guarnecido de sabiduría y virtud, que de ninguno necesita y cree tener todos los bienes dentro de sí mismo, es el más excelente y a propósito para buscar y conservar amistades.

¿Para qué me había menester a mí Escipión? Para nada; ni yo a él tampoco; sino que yo le amaba, admirado en cierto modo de su virtud y él me estimaba a mí, llevado de alguna buena opinión de mis costumbres; y añadido el trato, se aumentó el cariño. Del cual, aunque se siguieron muchas y grandes utilidades, no nacieron las causas del amor de esperanza alguna de conseguirlas. Porque así como somos benéficos y liberales, no por exigir el agradecimiento, porque no hacemos comercio de los beneficios, sino porque naturalmente somos inclinados a la liberalidad; del mismo modo en la amistad no creemos que se ha de desear por ninguna esperanza de interés, sino porque en el amor consiste su mayor provecho.

Son muy contrarios a este nuestro modo de pensar los que, a manera de brutos, todo lo refieren a los deleites; ni es maravilla, porque hombres que han hecho el ídolo de sus pensamientos a un objeto tan vil y despreciable, nada pueden concebir alta, magnífica ni divinamente. Dejemos a tales hombres fuera de nuestro discurso, y creamos que naturalmente se engendra la inclinación de amar y el amor de la benevolencia cuando se manifiesta la bondad, y los que la apetecen se aplican y se acercan más a gozar del trato y costumbres de aquel a quien comenzaron a amar, a ser iguales en este amor, y más inclinados a servir a su amigo que a ser gratificados de él. Esta honrosa competencia ha de haber entre los amigos. Así se sacarán de la amistad grandes utilidades, y será más ilustre y más cierto su origen de la naturaleza que de la necesidad. Porque si fuera el interés el que une las amistades, él mismo, en faltando, las desharía. Mas, por cuanto no puede trocarse la naturaleza, por eso son eternas las verdaderas amistades. Y queda explicado con esto el origen de la amistad, si no queréis otra cosa. Fanio: Prosigue, Lelio, que yo, como mayor de edad, tengo derecho de pedírtelo, por los dos. Escévola: Dices bien, Fanio, y así, oigamos.

CAPÍTULO X

La amistad está expuesta a muchos peligros.

Lelio: Oíd, pues, varones esclarecidos, lo que muchas veces discurríamos Escipión y yo sobre la amistad; aunque él aseguraba no haber cosa más difícil que el que durase una amistad hasta lo último de la vida. Porque sucede frecuentemente: o que una misma cosa no convenga a los dos amigos o que no sean de un mismo sentir acerca de la República; y también porque se suelen mudar las costumbres de los hombres, ya por las adversidades, ya por la mayor edad; de lo cual hacía semejanza con la niñez, pues los más vivos amores suelen dejar los niños junto con el traje de la puericia. Y si los llevan más adelante, se suelen deshacer: o por aspirar entrambos a una misma boda o por cualquiera otro provecho que los dos a un tiempo no puedan conseguir. Y aun cuando estén más adelantados en la amistad, llega ésta a faltar si pretenden ambos un mismo empleo honorífico; pues ningún mal hay mayor en las amistades que la codicia del dinero en muchos, y en los mejores la competencia en puntos de honor y gloria. Por cuyos motivos se han originado muchas veces enemistades muy grandes entre los mayores amigos.

Decía también que nace grave enojo y queja, aunque justa algunas veces, cuando se pretende de los amigos algo que no sea justo, como que sean ministros de sus pasiones o coadyuven a alguna injuria; pues los que rehusan, aunque con razón, son tenidos por quebrantadores de los derechos de la amistad por los otros con quienes no quisieron condescender; y los que se atreven a pedir cualquiera cosa a los amigos, manifiestan en esto mismo que nada dudarían hacer por ellos. Y por último, que por quejas de éstos, no sólo suelen acabarse amistades muy antiguas, sino también levantarse odios graves y sempiternos. Estos y otros muchos, como hados de las amistades, decía Escipión que están siempre amenazando; de modo que el evitarlos todos, no sólo le parecía prudencia, sino que lo tenía por gran fortuna.

CAPÍTULO XI

Qué pueden pedir y conceder los amigos lícitamente.

Veamos ante todas cosas, si os parece, hasta dónde debe extenderse el amor en la amistad. ¿Diremos por ventura que si tuvo amigos Coriolano ([1]), debieron tomar con él las armas contra su patria? ¿Creeremos que los de Espurio Melio y Viscelino ([2]) estaban obligados a darles favor y ayuda en sus ambiciosos deseos por el Imperio? A fe que, cuando molestaba a la República, Tiberio Graco ([3]), le desamparó Q. Tuberon y los otros amigos sus

([1]) C. Marcio Coriolano, desterrado de su patria, la declaró guerra el año 265 de la fundación de Roma.
([2]) Espurio Casio Viscelino, fué precipitado de la roca Tarpeya por el delito de quererse apoderar del Reino.
([3]) Tiberio Graco, nieto de Africano, muerto en el Capitolio, y a quien, no sólo no favoreció Q. Tuberon, sino que le persiguió.

iguales. Estando yo asistiendo en el consejo a los cónsules Lenato y Repulio, vino a suplicarme Cayo Blosio Cumano, huésped de vuestra familia, Escévola, y me daba por disculpa, para que le perdonase, que estimaba tanto a Tiberio Graco, que le parecía que debía hacer cuanto fuese su voluntad. Entonces le dije yo: ¿Y si fuese su voluntad que pusieras fuego al Capitolio? Jamás, respondió, hubiera él querido tal cosa. ¿Y si lo hubiera querido? Le hubiera obedecido. Ya veis qué malvada respuesta; y en verdad, que así lo hizo, y aún más de lo que dijo, porque, no sólo obedeció a la locura de Graco, sino que fué autor de la ejecución, y no fué tan solamente compañero de su furor, sino cabeza de todos. Y así, con esta locura, amedrentado de la nueva pesquisa que se movía contra él, se pasó a los enemigos, huyó al Asia (¹), donde pagó a la República las justas y merecidas penas. De modo que el haber pecado por servir al amigo no es excusa. Porque como sea la opinión de virtud la que concilia las amistades, es sumamente difícil que la amistad permanezca en apartándose de la virtud.

Y si nos proponemos por justo conceder a los amigos todo lo que quisieren, y conseguir de ellos cuanto nosotros pretendiéremos, menester es que sea perfecta nuestra sabiduría si tal condescendencia no lleva consigo algún defecto; hablo de aquellos amigos que están delante de nuestros ojos, a quienes vemos, de quienes tenemos noticias y que comúnmente se hallan en la vida; del número de éstos hemos de sacar los ejemplos, y principalmente de aquellos que se acercan más a la sabiduría. Ve-

(¹)   A. Aristónico, hijo del rey Eumenes, cuya fortuna empeoraba, se dió muerte a sí mismo.

mos que Papo Emilio y Cayo Luscinio, que eran, según hemos oído, muy amigos, fueron dos veces compañeros en el consulado y otras dos después en la censura; también tenemos noticia que M. Curio y T. Coruncano fueron muy amigos de éstos, siéndolo también entre sí; de los cuales, ni aun sospechar podemos que pidiese uno a su amigo cosa contraria a la fe, al juramento o a la República. ¿Ni cómo se puede decir esto de unos hombres como aquéllos? Aunque lo hubiera pretendido con muchas instancias, sé muy bien que no lo hubiera conseguido habiendo sido ellos varones tan justificados. Así que creamos que es tan malo hacer cosa semejante, aun rogados, como el rogarlo. Pero a Tib. Graco seguían en aquel tiempo C. Carbón y C. Catón, pero no su hermano Cayo, entonces de los más templados, y ahora su más acérrimo (¹) defensor.

CAPÍTULO XII

Se ha de romper con los amigos si pecan contra la patria.

Establézcase, pues, por ley primera, en la amistad, que ni pidamos a los amigos cosas malas, ni las hagamos aunque nos rueguen; pues es una excusa vergonzosa y no digna de ser admitida en cualquier pecado, pero principalmente en los que son contra la República, confesar que se hizo a rue-

---

(¹) Porque este año era tribuno de la plebe, y defendía abiertamente la causa de la muerte de su hermano, de que antes no hizo caso. Este fué muerto por los alborotos que causó en la República, el año 632 de la fundación de Roma. Véase el epítome de Livio en los libros LX y LXI.

gos de un amigo. Esto digo, Fanio y Escévola, porque hemos venido a tal tiempo, que debemos prever desde lejos las desdichas que pueden suceder a la República. Pues han comenzado ya a desviarse algún tanto las costumbres del día del camino y senda observada por nuestros antepasados. Tiberio Graco intentó apoderarse del Imperio, o, por mejor decir, reinó algunos meses. ¿Qué cosa semejante a ésta había visto ni oído el pueblo romano? No puedo decir sin lágrimas lo que después de su muerte hicieron con Publio Nasica Escipión (¹) los amigos y parientes de aquel partido. A Carbón contuvimos del modo que se pudo con el castigo reciente de Tiberio Graco. Pues del tribunado de C. Graco no es menester pronosticar las resultas que espero; porque el mal va cundiendo cada día, el cual, una vez que comienza a extenderse, se inclina cada vez más al precipicio. Bien veis vosotros cuánto borrón y estrago se ha introducido por las proscripciones antes de ahora, primero con la ley de Gabinio, y dos años después por la de Casio (²). Ya me parece que veo al pueblo separado del Senado, y administrarse los más graves negocios al arbitrio de la multitud, pues serán muchos más los que aprendan cómo se hacen estos desórdenes, que cómo se ha de resistir a ellos.

Pero, ¿a qué fin traigo yo esto? Para que en-

(¹) Le puso en al cárcel el tribuno de la plebe P. Curiacio, por la muerte de T. Graco.

(²) Antes del año 614 de la fundación de Roma se daban los votos de palabra en público. Después, por las leyes de Gabinia y Casio, y por otras, se estableció que se diesen en secreto por una tabla. Estas leyes tabularias, favoreciendo la libertad del pueblo, y disminuyendo la autoridad de los nobles, pusieron a la República en una democracia descubierta. Véase el libro tercero de "Legibus", capítulos XV y XVI.

tendamos que ninguno sin compañeros intenta semejantes hechos. Hase de establecer regla para los buenos, que si cayeren por casualidad en tales amistades incautamente, o crean que están tan atados que no se puedan apartar de los amigos cuando pecan en alguna cosa grave; y a los malos se ha de señalar pena, y no menor a los que siguen a otro que a los mismos seductores de la impiedad. ¿Qué hombre más esclarecido en Grecia que Temístocles? ¿Quién más poderoso? Pues este mismo, después de haber sacado de esclavitud a Grecia, siendo capitán general en la guerra contra Persia, como fuese desterrado por envidias de otros, no sufrió el agravio de su injusta patria, como era razón que le sufriese. Hizo lo mismo que había ejecutado Coriolano veinte años antes con nosotros. Ni uno ni otro encontraron quien le ayudase contra su patria; y así, entrambos se dieron la muerte con sus propias manos. Por lo cual, este consentimiento de los malos, no sólo no se debe cubrir con la excusa de amistad, sino que ha de vengarse con el más riguroso castigo, para que ninguno juzgue que le es permitido seguir a su amigo aunque declare guerra contra su patria; lo cual, no sé yo, según el cariz que han tomado las cosas, si algún día sucederá. Por lo menos, no tengo menor cuidado de cómo estará la República después de mi muerte que del estado en que al presente se halla.

CAPÍTULO XIII

No se han de admitir ciertas opiniones extrañas
acerca de la amistad.

Sea, pues, la primera regla de la amistad, que

lo que pidamos a los amigos y lo que hagamos por ellos, sea honesto, que no aguardemos a que nos rueguen, que haya siempre propensión, y nunca tardanza, que nos alegremos de dar buenos consejos con libertad, que sea de mucho peso en la amistad la autoridad de los amigos que aconsejan bien, y que ésta se emplee en amonestar, no sólo abiertamente, sino también con rigor, si el asunto lo pidiere, y, por fin, que se obedezca a la autoridad interpuesta. Algunos que son tenidos por sabios en Grecia, tengo entendido que hacen mucho aprecio de ciertas cosas bien extrañas (como otros de sus agudezas, que siguen por opinión en todos asuntos), diciendo unos que se deben excusar las amistades demasiado estrechas por no estar uno solícito por muchos; que a cada uno le bastan y aun le sobran sus cuidados propios, y que es cosa molesta tomar con mucho empeño los ajenos; que es muy cómodo que las riendas de la amistad sean muy largas, y encogerlas o soltarlas cuando se quiera, porque lo principal de una buena vida es que sea descansada, y que de ésta no puede gozar el ánimo que ha de parir (digamos así), por muchas personas.

Oigo también que otros dicen con un sentimiento más indigno de un hombre (lo cual toqué antes de paso), que las amistades se han de desear por la esperanza de apoyo y amparo, y no por benevolencia ni cariñoso afecto; así que, el que menos firmeza y menos facultades halla en sí mismo, es el que apetece con más ansia las amistades; de donde nace que las flacas mujeres buscan más los arrimos de la amistad que los hombres, más los necesitados que los ricos, y más los desgraciados que los que son tenidos por dichosos. ¡Qué bella sabiduría! El sol parece que quitan del mundo los que de la vida quitan la amistad, que es el don más excelente y más dulce que tenemos de los dioses inmortales. Porque, ¿qué tranquilidad es ésta? Al parecer suave, pero despreciable en realidad por muchos motivos. Pues no es conforme a razón no tomar uno sobre sí o deponer el negocio o empresa honesta ya tomada, por no tener cuidado. Si vamos huyendo de esta solicitud, hemos de huir también de la virtud, la cual es preciso que con algún cuidado deseche de sí y aborrezca a sus contrarios; como la bondad a la malicia; la templanza a la liviandad, y a la pereza la constancia. Y así se ve que los hombres justificados se duelen de la injusticia; los fuertes de la flaqueza, y los modestos de la maldad. Así que es propio de un ánimo bien dispuesto y formado alegrarse de las cosas buenas, y sentir las que no lo son.

Por lo cual, si los sabios son sensibles a estos afectos, como lo son ciertamente, si no queremos excluir de sus corazones toda humanidad, ¿qué causa hay para excluir enteramente de la vida humana la amistad, por no sufrir por su causa algunas impertinencias? ¿Qué diferencia hay (quitando lo sensible), no digo entre un hombre y una bestia, sino entre un hombre y una piedra, o un tronco o cosa semejante? Tampoco se ha de dar oídos a los que quieren que la virtud sea inhumana y férrea; la cual, así como en todo lo demás, así también en la amistad es amorosa y tratable, de modo que con las prosperidades de los amigos se ensanche, y en los males se encoge. Y así este cuidado y solicitud que se toma por los amigos, no es de mayor peso para excluir de la vida la amistad, que lo es para desechar las virtudes, el motivo de que traen consigo algunos cuidados y molestias.

CAPÍTULO XIV

Todas las amistades nacen de la semejanza de costumbres.

Siendo la virtud la que concilia las amistades, como antes dije, si se asoma algún rasgo de virtud a que se aplique y se junte un ánimo semejante, cuando esto sucede, es preciso que se engendre amor. ¿Pues qué locura más extraña que deleitarse con otras cosas inútiles, como son las honras, la gloria, el edificio, el vestido, el adorno del cuerpo, y no gozarse sobremanera con un ánimo dotado de virtud, tal que pueda amar y corresponder con un amor recíproco? Porque nada hay más dulce que la benevolencia recíproca, y la mutua alternación de oficios y de afectos. A lo cual, si añadimos, como se puede muy bien añadir, que ninguna cosa hay que más convide a sí, y atraiga a otra, que la semejanza de la amistad, se concederá ser correspondiente que los buenos amen a los buenos, y se los apropien a sí como unidos por parentesco y naturaleza. Pues nada hay que más apetezca sus semejantes, ni más fuerza tenga de atraerlos que la misma naturaleza. Por lo cual es a mi ver constante, Fanio y Escévola, que el cariño entre los buenos es casi necesario; que es una fuente de la amistad indicada por la Naturaleza. Pero esta misma bondad se extiende también a todos los demás hombres, porque no es inhumana la virtud, no es intratable ni soberbia; de todos cuida, pues la vemos defender a pueblos enteros y mirar por ellos con mucha diligencia; lo cual no hiciera en verdad si se desdeñara del cariñoso afecto de la gente vulgar.

Y también me parece que los que se proponen sólo el interés en las amistades, quitan de ellas su más amable vínculo; porque no deleita tanto la utilidad conseguida por el amigo, cuanto el mismo amor del amigo; y entonces sirven de gusto los beneficios de un amigo, cuando nacen del deseo de hacerlos; y está tan lejos que las amistades se apetezcan por causa de la necesidad, que antes bien los que gozando de abundancia, y en especial de virtud, en que está el verdadero apoyo, no necesitan de otro, son los más liberales y deseosos de hacer beneficios. Y aún no sé si sería de desear que los amigos nunca estuviesen necesitados de alguna cosa. Porque ¿cómo hubieran sido de tanto primor mis oficios si no hubiera necesitado Escipión nunca, ni en paz ni en guerra, de mi consejo y diligencia? Luego no nace la amistad del interés, sino que de ella resultan las utilidades.

CAPÍTULO XV

No hay bien más apreciable que la amistad; la fortuna de muchos la excluye a veces.

No deben, pues, ser oídos los que están entregados a los deleites, si alguna vez hablan de la amistad, de la cual ni por reglas ni por experiencia tienen conocimiento. Porque, a buena fe, ¿quién hay que desee vivir en una suma abundancia de riquezas y de todas las demás cosas para no amar a nadie ni ser amado de ninguno? Tal es la vida de los tiranos, en la cual no hay fe alguna ni amor, ni puede ser constante ninguna confianza de cariño; todo es sospechoso, todo solícito, no hay lugar a la amistad. Porque, ¿quién ha de amar a quien tiene miedo, o de quien juzga que él será temido? A éstos, sin embargo, se les trata con obsequios fingidos hasta cierto tiempo; y si caen de su fortuna (como es regular), entonces se manifiesta qué pobres estaban de amigos; como dicen que dijo Tarquino estando desterrado, que había conocido a sus amigos files y falsos cuando ya no podía dar iguales agradecimientos a ninguno, aunque me admiro que un hombre tan soberbio y tan bárbaro pudiese jamás tener algún amigo.

Pues así como las costumbres de éste que he dicho no pudieron conciliarle verdaderos amigos, de la misma manera los excluyen las riquezas de muchos hombres poderosos. Porque no solamente la fortuna es ciega, sino que también hace ciegos muchas veces a los que favorece. A casi todos estos se les ve entonados con arrogancia y con tiesura; y no puede haber cosa más intolerable que un tonto afortunado. Es también de notar que los que fueron antes tratables, se mudan con el poder, con los empleos, con la prosperidad; desprecian las amistades antiguas, y se gozan con las nuevas. Pues ¿qué mayor simpleza que estando llenos de bienes y facultades, hacer prevención (como se acostumbra con el dinero) de caballos, criados, ricos vestidos, alhajas costosas, y no acaudalar amigos, que son los muebles, por decirlo así, de más estimación en nuestra vida? Porque cuando hacen provisión de las otras cosas, no saben para quién las juntan, ni para quién trabajan, pues cada una de ellas es para el que puede más; pero la posesión de una amistad a cualquiera permanece firme y estable; de suerte que aunque duren las otras cosas que son como dones de la fortuna, con todo, una vida incivil y desamparada de amigos no puede ser gustosa. Pero basta de esto.

CAPÍTULO XVI

*Cuáles sean los límites de la amistad; tres
opiniones acerca de esto.*

Es menester establecer en la amistad ciertos términos y límites del amor. Sobre éstos veo que hay comúnmente tres sentencias, de las cuales ninguna apruebo. La una es que tengamos el ánimo dispuesto para con el amigo del mismo modo que para con nosotros mismos; la segunda es que el amor que les tengamos corresponda igualmente al que nos tengan ellos, y la tercera, que la misma estimación que se da uno a sí mismo, le dé también el amigo. De estas tres sentencias a ninguna asiento. Porque la primera, que cada uno tenga para con su amigo la misma afición y voluntad que tiene para sí, es falsa. Porque, ¿cuántas cosas hace uno por un amigo que jamás haría por sí? Ruega uno, suplica a gente ruín, trata a otro con aspereza, indígnase con él; cosas que en causa propia no serían muy decentes, y en los negocios de los amigos son muy honrosas. Y hay otros muchos casos en que los hombres de bien disminuyen de sus propias conveniencias, y permiten abstenerse de ellas para que las gocen antes sus amigos.

La otra sentencia define a la amistad por una correspondencia igual en amor y buenos oficios. Esto es, acompasar la amistad, y medirla con mucha nimiedad, de suerte que sea igual la partida de lo que se recibe con la de lo que se ha dado. Más abundante, más amplia me parece a mí la amistad verdadera; creo que no cuida estrechamente de no dar más de lo que ha recibido. Porque ni se debe temer en la amistad que nada vaya de más, o que se lo lleve el viento, ni que se acumule más de lo justo. Pues la tercera opinión es la más perniciosa de todas: que tanto le estimen a uno sus amigos cuanto él a sí mismo. Porque acontece muchas veces que unos son de un ánimo apocado, y tienen menos esperanzas de aumentar su hacienda; no es esto propio de amigos, ser del mismo espíritu hacia otro que hacia sí propio; sino esforzarse a animar el desaliento del amigo, y traerle a esperanzas y pensamientos mejores. Muy distinta regla hemos de establecer en la amistad; aunque voy a decir una cosa que Escipión solía reprender gravemente. Decía que ninguna expresión se podía hallar más contraria a la amistad que la del que dijese que se debía amar, como si algún día hubiésemos de aborrecer, y que no podía resolverse a creer que fuese sentencia de Bias, como se decía (que se contaba por uno de los siete sabios); sino que sería opinión de algún impuro o ambicioso, o de alguno que todo lo dirigiese a su exaltación. Porque, ¿cómo puede uno ser amigo del que crea que otro día puede ser enemigo? Antes bien, será necesario querer y desear que haga muchas faltas el amigo, para que dé otros tantos motivos de ser reprendido; y además, será menester sentir y tener envidia de las buenas obras, y de las conveniencias de los amigos. Finalmente, este precepto (sea de quien fuere), sólo es a propósito para desterrar las amistades. Antes se debe establecer que pongamos gran cuidado en escoger las amistades, para no empezar a amar a quien algún día se pueda aborrecer; mas juzgaba Escipión que, si fuésemos poco afortunados en la elección, debíamos antes pasar por ella que pensar en el tiempo de la enemistad.

CAPÍTULO XVII

Señales para conocer los que son buenos para amigos;
qué cosas se oponen a las amistades, o las rompen.

Estos, pues, son los límites que deben observarse en la amistad; que si son honestas las costumbres de los amigos, haya entre ellos comunicación de todas las cosas, de todas las determinaciones, de todos sus deseos, sin excepción alguna; y si sucediere, por desgracia, que necesiten de ayuda los amigos, aun en las cosas menos justas, es necesario apartarse un poco del camino recto, si se interesa su vida o su fama, como no se siga grande fealdad. Porque hay en la amistad cierto punto hasta donde se puede usar de condescendencia; ni se ha de despreciar la fama, que no conduce poco estar bien quisto con todos, para el buen éxito de los negocios, y es cosa vergonzosa conseguirla por condescendencia y adulaciones; mas no se ha de despreciar por ningún término aquella virtud que es como madre del amor. Pero, volviendo a Escipión, que siempre hablaba de la amistad, se quejaba de que en todas las otras cosas eran más diligentes los hombres que en ésta; que cada uno podía contar las cabras y las ovejas que tenía, y no los amigos; que se pone cuidado en escoger aquellas cosas, y en elegir amigos hay mucho descuido, y que no se tienen ciertas señales para conocer los que son buenos para amigos. Se han de escoger, pues, los firmes, estables y constantes, de los cuales hay mucha escasez; y no es fácil conocerlos, si de antemano no se les ha experimentado; ha de hacerse la prueba en la misma amistad, y así sucede que ésta se anticipa al juicio, y no deja lugar de hacer la experiencia:

Es propio de un hombre sabio contener el ímpetu del amor, como el de un coche, del cual usamos (así como de los caballos después de experimentados), probadas, en parte, las costumbres de los amigos. Déjase conocer la ligereza de unos en cosas de poco momento; otros a quienes no pudo mover un corto interés, se manifiestan en la abundancia. Pero, aunque se encuentren algunos que tengan por cosa fea preferir el interés a la amistad, ¿dónde encontraremos aquellos que no antepongan a ellas las honras, las magistraturas, el poder, la exaltación, de modo que poniendo en balanzas estos provechos con la fuerza de la amistad, no quieran mucho más aquéllos? Es muy flaca la naturaleza de los hombres para resistir a la tentación de una dignidad; y aunque la consigan dejando la amistad, juzgan tener excusa, porque no la han pospuesto sin causa grave. Y así, con gran dificultad, se encuentran amistades entre los que andan entre pretensiones y en la República. Porque, ¿dónde hallaremos quién prefiera a sus honras las de sus amigos? Y por dejar ya esto, ¿cuán difícil y pesada cosa les parece a los más la compañía en las desgracias? Ni se encuentra con facilidad quien entre a la parte en ellas. Y así, aunque dijo muy bien Enio:

Gran prueba de un amigo, es la desgracia,

con todo, dos señales hay que los convencen de flacos y ligeros: si desprecian al amigo en la prosperidad, o si le desamparan en la mala fortuna; por lo cual, al que en entrambas fortunas se muestra firme, constante e inalterable, le podemos tener por hombre de una casta muy rara y casi divina.

CAPÍTULO XVIII

Fundamentos de la constancia en la amistad.

La fidelidad es el fundamento de la constancia y de la solidez que buscamos en la amistad; porque no puede haber constancia donde no hay fidelidad. Es necesario elegir un genio sencillo, sociable y dócil, que se impresione de lo mismo que el que le *escoge, lo cual pertenece todo a la fidelidad*; porque, ni un genio solapado y doble podrá ser fiel, ni constante y permanente el que no está del mismo modo apasionado ni congenia con el otro por naturaleza. Añádase a esto, que ni guste de chismes o cavilaciones, ni dé crédito a las que oiga, lo cual corresponde a la constancia de que tanto he hablado. Así sale verdadero aquel principio, que no puede haber amistad sino entre los buenos, pues es muy propio de un bueno, al cual también podemos llamar sabio, guardar estos dos principios en la amistad: el primero, que no haya en ella ficción ni artificio; *pues, aun el aborrecer abiertamente, es cosa más sincera que disimular en la cara la intención*; el segundo, que no sólo rechace los defectos que se imputen a su amigo, sino también que no sea suspicaz y melindroso, cavilando siempre y juzgando que el amigo le faltó en algo. A lo cual, debe juntarse cierta suavidad en el trato y las costumbres, que *no es el menor sainete de la amistad*. Es cierto que tiene cierta dignidad en todas las cosas la gravedad y seriedad; pero debe ser más indulgente la amistad, más franca y apacible, y más inclinada a toda cortesanía y afabilidad.

CAPÍTULO XIX

Qué lugar deben tener los amigos antiguos; la amistad excluye toda distinción entre ellos.

Excítase en este lugar una cuestión algo difícil, si se deben preferir en algún caso las amistades nuevas (siendo dignas) a las antiguas, como solemos anteponer los potros a los caballos viejos. Indigna duda de un hombre, porque no se debe dar lugar en las amistades al fastidio, como en las demás cosas. Las más antiguas son (como los vinos añejos), más agradables; y es verdadero el dicho común de que, para ser perfectos amigos, es menester haber comido juntos muchos celemines de sal. No por esto quiero que se desechen las amistades nuevas, si dan esperanza, y manifiestan como las yerbas buenas, el fruto que darán; pero se deben mantener en su lugar las antiguas, pues es mucha la fuerza de la antigüedad y el trato. Y en la misma semejanza del caballo, de que acabo de hacer mención, ninguno habrá que no se sirva con más gusto, no habiendo otro inconveniente, del que acostumbra, que de un potro no experimentado. Y no solamente en éste, que es un animal, sino aun en las cosas inanimadas, tiene su fuerza la costumbre; pues entre los lugares montañosos y silvestres, nos agradan más aquéllos en que más tiempo nos hemos divertido.

Pero lo que es un punto más principal en la amistad es que iguala al superior con el inferior, porque muchas veces hay alguna excelencia, como era la de Escipión en nuestra grey, por decirlo así. Jamás él se antepuso a Filo, ni a Rupilio, ni a Mumio, ni a los otros amigos de inferior clase. Mas a Q. Máximo, su hermano, varón esclarecido, de ningún modo igual a él, sólo porque era mayor de edad, le respetaba como superior, y a todos sus amigos los quería más realzados e ilustres por su persona. Esto deben hacer e imitar todos; de suerte que, si han conseguido alguna ventaja de virtud, de ingenio o de hacienda, la partan y comuniquen con sus amigos; y si son hijos de padres humildes, si tienen parientes pobres, o de ánimo o de fortuna, les aumenten su riqueza y les den honor y dignidad; como vemos en las comedias que aquellos que por ignorarse su nacimiento y ascendencia han estado en esclavitud, cuando son reconocidos, y se hallan hijos de dioses o de reyes, conservan todavía amor a aquellos pastores que tuvieron por padres muchos años. Lo cual, mucho más se debe hacer con los padres ciertos y conocidos, pues el fruto de la virtud, del ingenio y de toda excelencia, entonces se coge en mayor abundancia, cuando se reparte con los parientes más cercanos.

CAPÍTULO XX

Varios preceptos acerca de la amistad.

Así, pues, como deben igualarse con los inferiores en el trato y unión de la amistad los que sobresalen de algún modo, tampoco deben quejarse aquéllos de verse excedidos de sus amigos, o en ingenio, o en fortuna o en dignidad; muchos de los cuales, o tienen siempre alguna queja, o dan en cara con algo, particularmente si piensan poder decir que han hecho alguna cosa por el amigo, o interponiendo sus oficios o con algún trabajo. Aborrecible es, por cierto, la casta de aquellos hombres que echan en rostro sus servicios, de los cuales se debe acordar quien los recibe, y no traerlos a la memoria el que los hace. Por lo cual, así como en la amistad se deben abatir en cierto modo los superiores, así también se han de levantar los inferiores, porque hay algunos que hacen molestas las amistades creyendo que los desprecian; aunque esto no sucede sino a los que se tienen por dignos de desprecio, a quienes se debe curar esta aprensión, no sólo con palabras, sino también con las obras. Se ha de hacer, pues, por el amigo, cuanto se pueda, y además, cuanto sea capaz de sostener aquel a quien se ama y se ayuda. Porque no podrás por más sobresaliente que seas, colocar a todos tus amigos en los empleos más distinguidos, así como Publio Escipión pudo hacer cónsul a P. Rupilio, y no a su hermano Lucio. Y aunque puedas conferir alguna cosa a otro, es menester considerar hasta dónde llegan sus fuerzas.

Finalmente, de las amistades se debe juzgar cuando ya las edades y genios están firmes y maduros; ni los mozos aficionados a la caza y a la pelota, han de contar por amigos a los que amaron antes por tener las mismas inclinaciones; porque, de esta manera, las amas de criar y los pedagogos, pedirán por derecho de antigüedad una gran benevolencia; a los cuales, no digo que se los desprecie, pero se les ha de tratar de otro modo, si no no podrán ser constantes las amistades; porque, a la diversidad de costumbres, corresponde diferencia de inclinaciones, y esta desemejanza, descompone las amistades. Por ningún otro motivo no pueden los malos ser amigos de los buenos, ni los buenos de los malos, sino porque la distancia que hay entre las costumbres e inclinaciones de unos y otros, es la mayor que se puede imaginar. Débese también establecer en las amistades, que un desordenado amor no impida (como suele acontecer), grandes utilidades de los amigos. Porque (volviendo a las fábulas), no hubiera conquistado a Troya Neoptolemo, si hubiera escuchado a Licomedes ([1]), en cuya casa se había criado, que le quería detener con muchas lágrimas. Y también ocurren a veces negocios de mucha gravedad, que obligan a apartarse de los amigos; los cuales, el que quiere impedirlos, porque no sabe llevar bien la ausencia de su amigo, es flaco y de naturaleza afeminada, y, por lo mismo, no muy a propósito para la amistad. Mas, en todos asuntos se debe considerar lo que se pide al amigo, y lo que se le concede.

CAPÍTULO XXI

Ha de obrarse con dignidad en romper las amistades. Que sea la amistad natural.

Sucede también, como por una calamidad, que algunas veces es necesario romper las amistades, pues ya desde las amistades de los sabios, baja nuestro discurso a las más vulgares. Manchan muchas veces los vicios de los amigos, no sólo a sus amigos, sino a los que no lo son, y esta infamia redunda contra los propios. Estas amistades se han de ir dejando poco a poco, y como decía Catón, no tanto

([1]) Esto conviene, no a Neoptolemo, sino a su padre Aquiles, que se crió en casa de Licomedes, rey de Esciros, vestido de mujer, entre las hijas de este príncipe, pero no fué él quien tomó a Troya, sino Neoptolemo, su hijo. De suerte que este punto de historia fabulosa está equivocado; algunos dicen que de industria, como que no tuviese muy presente Lelio la historia de estas fábulas.

se han de rasgar como se han de descoser, si no es que se encienda alguna injuria muy insufrible, por la cual no sea justo ni honroso, ni se pueda menos de hacer el rompimiento al instante. Pero si se hubiere hecho mudanza de costumbres o inclinaciones (como suele suceder), o en los negocios de la República se siguiere otro partido (hablo, como dije poco ha, no de las amistades de los sabios, sino de las más comunes), se ha de cuidar de no dar a entender que, no tan sólo se ha dejado la amistad, sino que se ha convertido en odio, porque no hay cosa más vergonzosa que tener guerra con quien se ha vivido amigablemente. Por mi respeto, se apartó Escipión de la amistad de Q. Pompeyo, como sabéis, y de mi compañero Metelo, por la disensión que hubo en la República; pero en ambos rompimientos, se portó con gravedad, con decoro, y sin particular enfado.

Por lo cual se ha de procurar, primero, que no haya discordias entre los amigos; pero si llegare este caso, que parezca que se han acabado naturalmente las amistades, no con violencia. También se ha de precaver que las amistades no se conviertan en crueles aborrecimientos; de donde nacen las quimeras, las palabras descompuestas y las injurias; las cuales se deben aguantar mientras fueren tolerables, y guardar este respeto a la amistad antigua, de modo que la culpa esté de parte de quien hace, no de quien padece la injuria. El único preservativo y prevención de todos estos vicios y desgracias, es que no comencemos a amar demasiado pronto, y acaso a quienes no lo merezcan. Aquéllos son dignos de la amistad, que tienen en sí mismos causas para ser amados. Pocos hay de éstos, y en verdad, de todo lo bueno hay poco; ni hay empresa más difícil que encontrar una cosa perfecta en su género por todas sus partes;

pero muchos no conocen en el mundo cosa buena que no sea en su provecho, y quieren aquellos amigos de quienes esperan sacar algún fruto como de los otros animales. Y así, carecen de aquella amistad nobilísima y muy natural, digna de ser deseada por sí mismo; ni se pueden servir de ejemplar a sí propios, para conocer cuál y cuánta sea esta fuerza de la amistad. Porque uno se ama a sí propio, no por exigir alguna merced del amor que se tiene, sino porque, naturalmente, cada uno se ama a sí mismo; lo cual si no se refiere puntualmente a la amistad, jamás se encontrará amigo verdadero, puesto que éste es otro yo. Y así se deja ver en las bestias y aves, así del campo como del agua, en las mansas y fieras, lo primero, que se aman a sí mismas, porque esto lo produce la Naturaleza con el mismo animal, y después que buscan y apetecen animales a que aplicarse de la misma especie, y esto lo hacen con deseo y con cierta semejanza del amor humano; ¿cuánto más natural es en el hombre que se ama a sí mismo y adquiere otro, cuyo ánimo une de tal manera con el suyo, que casi hace uno de los dos?

CAPÍTULO XXII

No es razón buscar en los amigos cualidades que no tenga el que las busca. Condiciones de la amistad verdadera.

Pero algunos, injustamente, por no decir sin vergüenza, quieren al amigo tal como ellos no pueden ser, y pretenden hallar en los amigos lo que los amigos no encuentran en ellos. Lo principal es que uno sea bueno, y después que busque para amigo otro semejante a sí. Entre sujetos tales, se puede confirmar la constancia de que tanto he tratado; dominarán unidos con el amor, en primer lugar, sobre aquellos deseos a que los demás se inclinan; además de esto, se alegrarán con la equidad y la justicia; todos los negocios tomarán a su cargo el uno por el otro; no se pedirán recíprocamente sino lo que sea justo y honesto, y no sólo se tratarán y se amarán mutuamente, sino que también se tendrán respeto, porque desterrar el respeto de la amistad, es despojarla de uno de los mayores adornos. Y así es muy perjudicial el error de aquellos que piensan haber en la amistad amplia licencia para las liviandades y otros pecados. La Naturaleza inspiró la amistad para auxiliadora de la virtud, no para compañera de los vicios; para que no pudiendo llegar a lo sumo una virtud por sí sola, llegase unida y acompañada con otra; la cual sociedad, si se halla entre algunos, o se ha hallado o se ha de hallar, debe reputarse por la mejor y más dichosa compañía para conseguir el sumo bien de la Naturaleza.

Esta sociedad es el tesoro de todas las cosas que los hombres tienen por dignas de ser deseadas, como la honestidad, la gloria, la tranquilidad del ánimo y la recreación; de suerte que, cuando se poseen estas cosas, es dichosa la vida, y sin ellas no lo puede ser. Pues si esto queremos conseguir, que es tan grande e ilustre, hemos de cultivar la virtud, sin la cual, no podemos alcanzar la amistad ni cosa digna de desearse; y despreciada la virtud, los que pensaban tener amigos, entonces, finalmente, conocen que se engañaron cuando alguna grave desgracia los hace experimentados; por lo cual (esto se debe decir muchas veces), se ha de amar después de haberlo pensado, y no aguardar a pensarlo después de haber amado;

pero como en otras muchas cosas, paguemos nuestros descuidos; principalmente sucede esto en el escoger y cultivar los amigos, porque usamos del consejo tardío y hacemos lo que ya está hecho, aunque nos lo prohibe el adagio antiguo; porque, empeñados ya mutuamente, o con la larga familiaridad, o con recíprocos oficios, por cualquiera ofensa rompemos de repente las amistades en medio de la carrera.

CAPÍTULO XXIII

Todo el mundo conviene en las ventajas
de la amistad.

Y así tanto más debe ser vituperado tan gran descuido en cosa tan necesaria; pues no hay provecho más generalmente conocido de todos entre todas las cosas, que el que se saca de la amistad. Muchos desprecian la virtud, y la tienen por cierto vano aparato y ostentación; otros, las riquezas, porque contentos con poco, les agrada un mantenimiento y adorno moderado; pues las honras (de que tienen algunos ardentísimos deseos), ¿cuántos hay que las abominan, de suerte que las tienen por la cosa más flaca y más inútil? Y hay muchísimos que nada estiman todas las otras cosas que a algunos parecen admirables. Pero de la amistad, todos sienten de una misma manera, así los que están empleados en el gobierno de la República como los que se deleitan en el estudio y conocimiento de las cosas, como los que retirados atienden sólo a su negocio, y, últimamente, aun los que están entregados a los deleites, juzgan que no es vida la que está desamparada de amigos, si quieren portarse en algo racionalmente.

Porque se extiende la amistad (no sé cómo), por la vida de todos, y ninguna manera de vivir permite que esté exenta de ella.

Antes bien, aunque haya alguno de genio tan insociable y desabrido que huya del congreso y compañía de los otros hombres, y los aborrezca (como he oído que hubo en Atenas un tal Timon) (¹), aun éste, no podrá pasar sin buscar alguno con quien vomitar la ponzoña de su aspereza. De esto se haría verdadero juicio si pudiera suceder que algún dios nos apartase del trato de los hombres, colocándonos en un lugar solitario, donde nos diese cuantas cosas apetece la naturaleza en la mayor abundancia, pero nos privase enteramente de la vista de los hombres; ¿quién habría tan de hierro que pudiese sufrir aquella vida, y que no le quitase la soledad todo el contento de gozar de aquellos placeres? Es muy cierto lo que he oído a nuestros viejos, que oyeron de otros, que acostumbraba decir Arquitas Tarentino, que, si alguno subiese a los cielos, y claramente viese la naturaleza del mundo y la hermosura de las estrellas, no tendría mucho gusto en tan admirables cosas, las cuales le darían un gozo infinito si tuviera otro a quien contárselas. Así, la naturaleza no apetece la soledad, y siempre busca ciertos como arrimos, que cuando lo es un grande amigo, es la delicia más dulce de la vida.

(¹) Célebre por la extravagante opinión de aborrecer la sociedad, por la cual fué llamado "enemigo de los hombres". Este, preguntado un día por qué teniendo tanta aversión a los demás hombres, hacía cariños al joven Alcibíades, respondió que porque preveía que éste había de destruir a Atenas algún día.

CAPÍTULO XXIV

Entre amigos se ha de decir, y se ha de dar oídos a la verdad.

Mas dándonos a entender la Naturaleza con tantas señales lo que quiere, lo que busca, lo que apetece y lo que necesita, cerramos los oídos, no sé por qué, y no escuchamos sus amonestaciones. Es vario y de muchas maneras el uso de la amistad, y hay también sus tropiezos en ella, y ciertos motivos de riñas y sospechas, las cuales el evitarlas o deshacerlas o tolerarlas, es propio de un hombre sabio. Sólo se ha de sufrir la ofensa de la cual dependa la firmeza de la verdad y lisura en la amistad: porque conviene muchas veces amonestar a los amigos, y aun reprenderlos, y esto se ha de llevar amigablemente cuando se hace con buena voluntad.

Mas no sé cómo sale verdadero mi amigo Terencio en su *Andria*, cuando dice:

La complacencia nos concilia amigos;
no gana la verdad sino enemigos.

Es cierto que es molesta la verdad, porque de ella nace el odio, que es un veneno contra la amistad; pero mucho peor es la adulación, que, disimulando las faltas, deja precipitar a los amigos; mas la mayor culpa está en el que desprecia la verdad y se precipita en el error por la adulación. Se ha de poner, pues, en esto, el mayor cuidado y diligencia: lo primero, que la amonestación no lleve aspereza, y después, que la reprensión sea sin afrenta; en el obsequio (porque uso con gusto de la palabra de Terencio), haya cortesanía, destiérrese la adulación, que es compañera del vicio, y que no sólo no es digna de un amigo, pero de ningún hombre honrado, porque de otro modo se ha de vivir con un amigo que con un tirano; pero el que cierra los oídos a la verdad, por no oír la de su amigo, ya se puede desesperanzar de su remedio. Bien sabido es aquel dicho de Catón, como otros muchos, que deben algunos más a sus crueles enemigos que a los que se venden por dulcísimos amigos, pues aquéllos muchas veces dicen la verdad, y éstos, jamás. Es también gran desatino en los que son corregidos que no sienten lo que debieran sentir, y toman gran pena de lo que no debieran, porque no sienten el haber pecado, y llevan muy a mal ser reprendidos; lo cual debiera ser al contrario, dolerse del defecto y alegrarse de la corrección.

CAPÍTULO XXV

No hay cosa más perjudicial en la amistad que la adulación.

Así, pues, como es propio de los amigos reprender y ser reprendidos, y que el uno lo haga con libertad y sin aspereza, y lo lleve el otro con paciencia, no con resentimiento; así también se ha de creer que no hay peste mayor en la amistad que el halago y la condescendencia, pues por muchos caminos es muy abominable este vicio, propio de hombres ligeros y engañosos, y que todo lo hablan para la complacencia, y nada conforme a la verdad. Mas como sea vicio en todas las cosas la disimulación, porque impide el juicio de la verdad, y le adultera, pero en la amistad repugna absolutamente, porque borra la verdad, sin la cual no puede permanecer el nombre de amistad. Y como toda la fuerza de la amistad esté en que se haga como un alma sola de muchas, ¿cómo podrá ser esto, si ni en un solo sujeto se encuentra un solo ánimo, ni siempre uno mismo, sino vario, solapado y mudable? ¿Y qué cosa más flexible y más vaga que un ánimo a quien arrastran no sólo el sentido y la voluntad, sino aun el semblante y las miradas de otro?

Si otro afirma, yo afirmo; niega, niego;
por ley precisa, a todo condesciendo.

Que dice el mismo Terencio en persona de Gnaton; cosa es, por cierto bien liviana tener semejantes amigos. Hay muchos Gnatones en el mundo, y muchos que exceden a aquél en calidad, fortuna y fama; y es más dañosa la adulación de éstos, porque va acompañada de su autoridad.

Pero se puede separar y conocer el lisonjero amigo del verdadero, poniendo cuidado, como se distinguen las demás cosas vanas y disimuladas de las sinceras y verdaderas. Aun el pueblo, que se compone de tantos ignorantes, no obstante, suele conocer la diferencia que hay entre un ciudadano popular o adulador y uno constante, severo y grave. ¿Con qué halagos no se insinuaba poco ha en los oídos de todos C. Papirio al promulgar la ley de reelegir los tribunos de la plebe? Yo la disuadí; pero de mí no diré nada. De Escipión (¹) lo diré con más gusto.

(¹) De éste se dice en el epítome de Livio, al libro LVII, que habiendo promulgado una ley Carbón, tribuno del pueblo, para que éste pudiese crear un mismo tribuno siempre que quisiese, disuadió esta ley P. Africano con una gravísima oración.

¡Qué gravemente, oh dioses inmortales! ¡Y con cuanta majestad hizo su discurso! Fácilmente podíamos creer que era el capitán del pueblo romano; pero ya os hallasteis en la oración, y anda en manos de todos; y así aquella ley popular por votos del mismo pueblo fué desechada. Mas, volviendo a mí, ya os acordáis qué favorable parecía al pueblo la ley de C. Licinio Craso sobre los sacerdocios en el consulado de Q. Máximo, hermano de Escipión y de L. Mancino; pues en ella se trasladaba a la elección del pueblo el *nombramiento* de las plazas vacantes en el colegio de los agoreros. Y éste fué el primero que inventó volverse al pueblo cuando se hablaba (¹). Pero la devoción de los dioses inmortales fácilmente superaba, oponiéndome yo a su venal arenga; y esto sucedió siendo yo pretor, cinco años antes que me hicieran cónsul. Así, que más se defendió el asunto por la verdad que por la autoridad.

CAPÍTULO XXVI

Precauciones para con los aduladores; varias especies de adulación.

Pues si en una escena, o, por mejor decir, en un pueblo que se paga tanto de vanidades y apariencias, prevalece la verdad como se la descubra y se aclare, ¿qué será en la amistad, que todo estriba en la verdad? En la que no tendrás cosa fiel ni averiguada, si no ves abierto (como se suele decir) el pecho del amigo, y le descubres el tuyo; ni el amar y ser amado tendrás seguro si ignoras si es con verdad. Aunque

---

(¹)   Antes de él hablaban los oradores vueltos a aquel paraje donde se juntaba el Senado.

esta adulación, por más que sea perniciosa, no puede hacer daño sino a aquel que la oye y se paga de ella; y así sucede que ninguno da más gratos oídos a los lisonjeros que el que se lisonjea y está muy enamorado de sí propio. La virtud absolutamente se ama a sí misma, porque se conoce muy bien, y lo amable que es; mas yo no hablo ahora de la virtud, sino de la opinión de virtuosos, la cual estiman algunos más que la misma virtud. A éstos es a quienes agrada la lisonja, y cuando se les habla a su gusto fingidamente, les parecen aquellas palabras aparentes y disimuladas un testimonio de sus alabanzas. No es, pues, amistad, aquella en que el uno no quiere dar oídos a la verdad, y el otro está siempre aparejado para mentir. Ni nos cayeran en gracia las adulaciones de los lisonjeros en las comedias, si no hubiera soldados vanos.

¿Qué dices? ¿Me da Tais muchas gracias?

Bastaba responderle *muchas;* pero le dijo *grandísimas;* siempre aumenta la adulación lo que quiere que se engrandezca aquel a cuyo gusto se habla.

Y así, aunque esta suave apariencia arrastre a aquellos que ellos mismos la halagan y la convidan, se debe amonestar a los más firmes y graves que no se dejen engañar de una lisonja artificiosa; porque a un adulador a cara descubierta sólo un tonto dejará de conocerle. Hase de poner gran cuenta en que no se introduzca el artificioso y oculto, que no es tan fácil de conocer; porque muchas veces, aun contradiciendo, adula, y cuando afecta oponerse está adulando, hasta que a lo último se rinde y deja vencer, porque parezca que ha adelantado más el engañado. ¿Pues qué mayor vergüenza que dejarse engañar?

Esto se ha de precaver mucho, como en la comedia "Epiclero" ([1]):

Lindamente por ti quedan burlados
Estos necios vejetes de comedia.

Por cierto que es persona muy necia en las comedias el carácter de algunos viejos imprudentes y crédulos. Pero yo no sé cómo pasó mi discurso a las amistades vulgares desde las de los hombres perfectos, esto es, sabios; hablo de la sabiduría de que son capaces los mortales. Y así, volvamos a las primeras, y acabemos alguna vez nuestro discurso.

CAPÍTULO XXVII

La virtud concilia y mantiene las amistades; utilidades y deleites de la amistad con Escipión.

La virtud, pues, C. Fanio, y tú, Q. Mucio, la virtud, vuelvo a decir, es la que concilia y conserva las amistades pues en ella se halla la conveniencia de las cosas, la firmeza y constancia, la cual, cuando se descubre y da a conocer su resplandor, y ve y conoce lo mismo en otro, se aplica a ello, y mutuamente recibe lo que en él encuentra; de donde se enciende el amor de los dos o la amistad, que de amar tomaron ambos el nombre. Porque el amar no es otra cosa que tener afecto al que se ama sin interés alguno, pues éste de la misma amistad se saca, aunque menos se busque.

([1]) Entre los griegos se llamaban ἐπίκληροι las doncellas pobres y huérfanas. De una de éstas toma Pacuvio el nombre para su comedia, "Epiclerus".

Con este amor amé yo, siendo joven, a los viejos L. Paulo, M. Catón, C. Galo, P. Nasica y Tib. Graco, suegro de mi amigo Escipión; este amor luce más entre iguales, como entre mí y Escipión, L. Furio, P. Rupilio, Sp. Mumio; y también los viejos nos avenimos bien con el amor de los jóvenes, como con el vuestro y el de Q. Tuberón. A mí me es de gran complacencia la familiaridad de P. Rutilio Virginiano, aunque es tan joven. Y supuesto que el orden de nuestra vida y naturaleza está así arreglado, que una edad nace de otra, es cosa muy digna de desearse el poder llegar al fin con aquellos mismos con quienes se ha comenzado la carrera. Mas como las cosas humanas son frágiles y perecederas, siempre tenemos que buscar algunos a quienes amemos y que nos tengan amor. Porque quitando de la vida el amor y la benevolencia se quita todo el gusto de ella. Para mí vive Escipión, aunque me faltó de repente, y vivirá para siempre, porque amé la virtud de aquel grande hombre, la cual no murió con él; y no sólo la tengo presente, que la toqué siempre con mis manos, sino a toda la posteridad será esclarecida e ilustre, y ninguno que no se proponga por modelo su memoria e imagen, será jamás capaz de aspirar a cosas mayores.

Yo, a la verdad, de cuantas cosas me ha dado la fortuna o la Naturaleza, ninguna tengo que pueda comparar con la amistad de Escipión. En ella encontraba una perfecta conformidad de dictámenes en los negocios de la República, el consejo en los privados, y un descanso lleno de placer. Jamás le ofendí en la cosa más mínima que yo supiese, y jamás oí de él cosa que no quisiera; una era nuestra casa, uno el sustento, y éste común; y no sólo la campaña, sino aun los viajes y paseos nos eran también comunes. ¿Pues qué diré de la afición de saber y aprender siempre alguna cosa, en lo que abstraídos de la vista del pueblo gastábamos todo nuestro tiempo? Cuya memoria, si hubiera fenecido con su muerte, no podría sufrir de ningún modo la falta de tan grande amigo; pero no sólo no se han acabado estas cosas, sino que toman fuerzas y se aumentan más con el pensamiento y la memoria. Y si absolutamente me viera falto de ellas, me daría un gran consuelo mi edad, porque ya la falta no me podrá durar mucho, y todos los acasos breves deben tolerarse aunque sean graves. Esto es lo que se me ha ofrecido acerca de la amistad. A vosotros os aconsejo que deis tal lugar a la virtud (sin la cual no puede haber amistad), que fuera de ella no creáis que hay otro bien mayor ni más excelente que la amistad.

PARADOJAS

DE CICERÓN A M. BRUTO

He advertido, amigo Bruto, que tu *tío* Catón al decir su parecer en el Senado, trataba muchas veces lugares graves de la filosofía, muy distantes del uso forense y público; pero que conseguía, sin embargo, con su oración, que aun al pueblo le pareciesen probables. Lo cual es tanto más de admirar en él, que en ti o en mí propio, porque nosotros seguimos más aquella filosofía (¹) que produjo la abundancia de decir, y en que se dicen cosas que no se apartan mucho de la opinión del pueblo. Pero Catón, perfecto estoico en mí sentir, tiene opiniones que ciertamente no aprueba el vulgo, y sigue aquella secta que no busca adorno alguno en la oración; ni dilata su asunto, sino que con menudas preguntas, y como puntos, prueba y concluye lo que se propone. Mas no hay cosa tan increíble que el discurso no haga probable, nada tan árido y seco que no reciba esplendor de la oración, y quede en alguna manera más pulido. En lo cual, como yo pensase, aún me he atrevido a más que el mismo de quien voy hablando; porque Catón solamente suele hablar de la grandeza de ánimo, de la continencia, de la muerte, de la alabanza general de la virtud, de los dioses inmortales, del amor de la patria, según las opiniones de los estoicos, añadiendo los adornos de la oratoria. Mas yo por divertirme he tratado como lugares comunes aquellas sentencias que en los gimnasios y en el ocio apenas prueban los estoicos; a las cuales porque son admirables y contra la opinión de todos llaman ellos también *Pa-*

(¹) La Academia y Peripatética, que aprendió con especialidad Cicerón de Antíoco de Ascalona.

radojas. He querido tentar si se podrían sacar al público, esto es, al foro, y decirse de modo que fuesen aprobadas, o si era distinta la oración de los eruditos de la del pueblo; y con tanta más complacencia las he escrito, porque estas que llaman *Paradojas,* me parecen haber salido de la escuela de Sócrates, y que son muy verdaderas. Tú admite esta pequeña obra trabajada en estas noches más cortas, puesto que ha salido con tu nombre aquella otra de más trabajo y cuidado (¹); y probarás este género de ejercicio, de que acostumbro a usar cuando traslado a este nuestro género de decir oratorio aquellas que se llaman en las escuelas *Cuestiones universales.* Mas no te pido que publiques esta obra, porque no es tal que pueda colocarse en el alcázar, como la Minerva de Fidias (²), sino sólo que dé a entender que se ha formado en la mismo oficina que las demás.

(¹)   "Las Cuestiones Tusculanas", los libros de "Finibus" y los de "Natura Deorum".

(²)   La cual se colocó en el Alcázar de Atenas. Es muy digna de advertirse una circunstancia que acerca de ella cuenta Aristóteles en el libro "Mundo", capítulo VI, y refiere Cicerón en "Las Cuestiones Tusculanas", y es que Fidias esculpió con tal arte su retrato en el escudo de la estatua, que no se podía quitarle sin deshacerla.

PARADOJA I

Que sólo es bueno lo que es honesto.

CAPÍTULO PRIMERO

Temo que esta proposición parezca a alguno de vosotros sacada de las disputas de los estoicos, y no de mi cabeza; pero diré lo que siento, y aun con más brevedad de lo que tan grave asunto requiere. Nunca he contado yo entre los bienes, ni entre aquellas cosas que merecen ser deseadas, los caudales de éstos, ni las casas magníficas, ni el poder, ni los imperios, ni los deleites a que ellos son muy inclinados; porque estoy viendo que aun en la mayor abundancia de estas cosas con todo desean aquellas mismas de que abundan. Porque nunca se harta ni satisface la sed del deseo; y no solamente son atormentados por la codicia de aumentar aquellas cosas que tienen, sino también por el miedo de perderlas. En lo cual echo de menos ciertamente la prudencia de nuestros antepasados, aquellos hombres de tanta moderación, que pensaron se debían llamar con el nombre de bienes estas partes del dinero flacas y variables, habiendo juzgado en la realidad y en los hechos muy de otra manera. ¿Puede acaso el bien ser mal para alguno? ¿O puede alguno no ser bueno en medio de abundancia de bienes? Pues estas cosas vemos que son tales, que también los malos las poseen, y son de daño los buenos. Y así, aunque se burle el que quiera, con todo eso valdrá más para conmigo la recta razón que la opinión del vulgo, y no diré yo jamás que ha perdido sus bienes el que haya perdido su ganado o sus alhajas; ni dejaré de alabar a aquel sabio (Bias a lo que entiendo, que se cuenta entre los siete) que habiéndose apoderado el enemigo de su patria, Priene, y huyendo los otros ciudadanos cada uno con los más de sus bienes que podía, aconsejado por otro que hiciese él también lo mismo, le respondió: ya lo hago, porque todos mis bienes me llevo conmigo. De modo que aun no tuvo por suyos estos juguetes de la fortuna, que nosotros llamamos bienes. ¿Pues qué cosa es bien?, preguntará alguno. Aquello que se hace recta, honesta y virtuosamente, se dice con verdad ser bien hecho, y yo sólo creo ser bien aquello que es recto, honesto y virtuoso.

CAPÍTULO II

Mas esto puede parecer algo más oscuro en la lentitud de la disputa. Es menester ilustrar con ejemplos de la vida y de las obras de los varones esclarecidos lo que con palabras se cree que se trata con demasiada sutileza. Pregúntoos, pues, si aquellos que nos dejaron esta República tan excelentemente fundada, ¿os parece que tuvieron algún pensamiento, o de dinero para la avaricia, o de amenidades para la diversión, o de alhajas para las delicias, o de manjares para los deleites? Poneos delante de los ojos a cada uno de los reyes. ¿Queréis comenzar por Rómulo? ¿O, después de libre la ciudad, por aquellos mismos que la libertaron? ¿Por qué grados, pues, subió al cielo Rómulo? ¿Subió acaso por aquellos que éstos llaman bienes o por sus hazañas y virtudes? ¿Y Numa Pompilio? ¿Juzgamos por ventura que fueron menos agradables a los dioses inmortales sus tazas y vasijas de barro, que las copas labradas de estos otros? Paso en silencio a los demás, porque todos fueron iguales, a excepción del Soberbio. Mas si pregunta alguno cuál fué el intento de Bruto en libertar a la patria; si qué fin siguieron, o a qué aspiraron los demás que ayudaron a aquel intento, ¿habrá quién piense que se propusieron el deleite, las riquezas, ni otro interés más que la obligación de varones fuertes y magnánimos? ¿Qué fin movió a C. Mucio para intentar la muerte de Porsena sin esperanza alguna de quedar él con vida? ¿Qué fuerza sostuvo a Cocles solo en el puente contra todo el poder de los enemigos? ¿Cuál fuerza sacrificó a Decio, el padre, y metió al hijo por las espesas armas de los contrarios? ¿Pues qué diré de la moderación y templanza de Cayo Fabricio? ¿Qué objeto tenía la parsimonia en la comida de M. Curio? ¿A qué aspiraban aquellos dos antemurales en la guerra Púnica de los dos Escipiones Cneyo y Publio, que con sus mismos cuerpos, como con una valla, cerraron la venida de los cartagineses? ¿Que diré del Mayor Africano? ¿Y qué del Menor? ¿Qué de Catón, que llenó el intermedio de la edad de estos dos? ¿Y qué de otros innumerables?, porque abundamos mucho nosotros de ejemplos dentro de nuestra misma casa, ¿pensamos que tuvieron éstos por digno de desearse en la vida sino lo que era laudable y esclarecido?

CAPÍTULO III

Vengan, pues, ahora, estos escarnecedores de esta oración y sentencia, y juzguen ellos mismos ¿si querrían más parecerse a alguno de los que abundan en casas de mármol, adornadas de marfil y de oro, en estatuas, en pinturas, en oro y plata labrada, y obras corintias; o a C. Fabricio, que ninguna de estas cosas tuvo ni quiso tenerlas? Aquellas que se mudan ya a un lugar, ya a otro, fácilmente se reducen a no contarlas entre los bienes; pero con todo sostienen fuertemente y defienden con gran tesón que el deleite es el sumo bien; expresión que a mí me parece propia de brutos y no de hombres. ¿Tú, habiéndote dado o Dios o la Naturaleza, madre, por decirlo así, de todas las cosas, un ánimo que es el don más excelente y divino, te has de bajar y abatir tanto, que no creas haber diferencia entre ti y una bestia? ¿Hay alguna cosa buena que no haga mejor al que la posee? Porque aquel que más partes de bien tiene, es el que más alabanzas merece, si hay bien alguno de que no se pueda gloriar honestamente aquel que le posee. ¿Mas qué hay de estas cosas en el deleite? ¿Hace al hombre mejor o más digno de alabanza? ¿Habrá quien se vanaglorie y se ensalce por gozar de los deleites? Pues si el deleite, que tantos patronos y defensores tiene, no se debe contar entre los bienes, y cuanto es mayor, tanto más aparta al ánimo de su estado y asiento, ciertamente no es otra cosa vivir una buena vida y feliz, sino vivir recta y honestamente.

PARADOJA II

Al varón virtuoso nada le falta para vivir feliz.

CAPÍTULO ÚNICO

Nunca tuve yo por infeliz ni miserable a M. Régulo. Porque no era atormentada por los cartagineses su gravedad, ni su fidelidad y constancia, ni alguna de sus virtudes, ni, finalmente, aquel ánimo suyo, que guarnecido de tan grande auxilio y conjunto de virtudes, no pudo ser preso, como lo fué su cuerpo. También vimos a C. Mario, que me parecía a mí en las prosperidades uno de los más afortunados, y en las adversidades uno de los varones más esclarecidos, que es lo más dichoso y feliz que puede acontecer a un hombre mortal. No sabes, loco, no sabes cuánto poder tiene la virtud; tomas solamente el nombre de ella, e ignoras cuánto vale. El que en sí solo se lo halla todo, y que en sí solo pone todas sus cosas no puede dejar de ser muy feliz; pero aquel cuya esperanza toda, y razón y pensamiento dependen de la fortuna, éste nada puede tener de cierto, y nada que tenga sabido y averiguado que le ha de durar un solo día. A un hombre como éste, si hubieres hallado alguno de tal naturaleza, podrás amedrentarle con amenazas de muerte o de destierro; pero a mí, cualquiera cosa que me aconteciere en tan desagradecida ciudad, me cogerá sin rehusarlo, cuanto más sin repugnarlo. Porque, ¿qué he trabajado yo, o qué he hecho, o en qué se desvelaron mis cuidados y pensamientos, pues, que no he ganado ni he podido conseguir el vivir en un estado de donde ni la temeridad de la fortuna ni la injusticia de los enemigos me pueda derribar? ¿Me amenazas por ventura con la muerte para que del todo me aparte de los hombres, o con el destierro para que me aparte de los malos? La muerte es terrible para aquellos a quienes todo se les acaba con la vida; mas no a aquellos cuya alabanza no puede perecer; el destierro atemoriza a aquellos que tienen como circunscripto y limitado el lugar de su morada, no a aquellos que creen que toda la redondez de la tierra es una sola ciudad. A ti te oprimen todas las miserias y afanes que te juzgas feliz y floreciente; a ti te atormentan tus liviandades; tú eres afligido día y noche, a quien ni basta lo que tienes, y eso mismo que tienes temes que no te ha de durar mucho; a ti te remuerden las malas obras que has hecho, y el miedo de los juicios y de las leyes te desanima; a cualquiera parte que vuelves los ojos, allí se te representan como furias infernales tus injusticias, que no te dejan respirar. Por lo cual, así como el malo, el necio e ignorante de ningún modo puede ser feliz, así el varón bueno, sabio y fuerte no puede ser miserable. Ni puede dejar de ser alabada la vida de aquel cuya virtud y costumbres merecen alabanza; ni aquella vida que la merece se debe huir y aborrecer, la cual sería aborrecible si fuese miserable. Y así, cualquiera cosa que es laudable, debe parecer también dichosa, floreciente y digna de ser deseada.

PARADOJA III

Que los pecados y las buenas obras
son iguales (¹).

CAPÍTULO PRIMERO

Cosa es, dirá alguno, de poca importancia; pero grande la culpa, porque los pecados no se han de medir por los acontecimientos de las cosas, sino por los vicios de los hombres. Aquello en que se peca puede ser uno mayor o menor que otro; pero lo que es el pecar, de cualquier modo que lo tomes, es uno. Si un piloto pierde una nave cargada de oro o de paja, en esto hay alguna diferencia; pero la ignorancia del piloto la misma es en una cosa que en otra. Recae una pasión liviana en una mujer no conocida; pertenece el sentimiento a más pocos que si hubiera sido atrevida con una doncella generosa y noble; pero pecó, no obstante, porque el pecar es como salirse de la línea; lo cual una vez hecho se comete culpa; mas, cuán lejos se haya pasado una vez que se pasó, nada importa para acrecentar la culpa. Ciertamente a ninguno le es lícito pecar, y lo que no es lícito, en esto tiene toda su fuerza: en que se pruebe no ser lícito. Esto, si nunca puede ser mayor ni menor (porque el pecado consiste en que no es lícito, lo cual es siempre uno), los pecados que de ello

---

(¹) Esta es una de aquellas cuestiones abstractas y metafísicas que sólo sirven para ejercitar el entendimiento, aunque a veces también logran deslumbrarlo; y, así, no es menester impugnarla, pues no habrá quien consultando sólo al sentido común, deje de conocer su falsedad.

nazcan necesariamente serán iguales. Pues si las virtudes son iguales, es necesario que también lo sean los vicios. Mas que las virtudes son iguales, y que no puede haber otro más bueno que el varón bueno, ni más templado que el templado, ni más fuerte, que el fuerte, ni más sabio que el sabio, esto fácilmente se puede conocer. Por ventura ¿dirás que es buen varón aquel que volvió el depósito de diez libras de oro, hecho sin ningún testigo, pudiendo quedarse con él impunemente, si no hiciere lo mismo con un depósito de diez mil libras? ¿O llamarás templado a aquel que se contiene en una liviandad y se desliza en otra? La virtud es una y simple, y consiste en la conformidad de la razón y constancia consigo misma; a la cual nada se puede añadir con que sea más virtud, ni quitar quedándola este nombre. Porque si las cosas bien hechas son verdaderamente buenas obras, y no hay cosa más recta que la que es recta, tampoco se podrá hallar otra más buena que la que es buena. Síguese, pues, que también los vicios sean iguales, porque los defectos del alma se llaman debidamente vicios. Pues supuesto que las virtudes son iguales, y las buenas obras que nacen de las virtudes deben ser también iguales, asimismo es necesario que lo sean los pecados, puesto que nacen de los vicios.

CAPÍTULO II

Dices que tomo esto de los filósofos. Yo estaba temiendo que me dijeses de los rufianes. Sócrates disputaba de esta manera. Yo me alegro; porque se cuenta de éste haber sido docto y sabio. Más, no obstante, te pregunto (puesto que disputamos con palabras y no a puñadas) si acerca de los bienes se ha de preguntar, ¿qué sienten los mozos de esquina y los jornaleros, o los hombres más doctos y sabios? Especialmente no pudiéndose hallar otra sentencia ni más verdadera ni más útil para la vida de los hombres. Porque ¿qué fuerza hay que más aparte a los hombres de toda maldad, que si llegaren a estar persuadidos de que no hay en los delitos diferencia alguna? ¿Y que igualmente peca el que pone las manos en un particular que en un magistrado? ¿Y que en el mismo delito de liviandad cae el que comete un estupro en cualquiera casa que sea? Pues, ¿que no hay diferencia, dirá alguno, de que mate uno a su padre o a un siervo? Si propones esto simplemente, sin circunstancia alguna, es dificultoso resolverlo. Si el quitar la vida a un padre es por sí maldad, los saguntinos, que quisieron que muriesen sus padres libres antes que vivir esclavos, fueron parricidas. Luego también a un padre se puede quitar la vida sin delito alguna vez, y a un siervo no se puede muchas veces sin injusticia. Así, que la causa es la que distingue estas cosas, no su naturaleza; la cual causa, cuando se junta a alguna de las dos, aquella a la que se juntan hace inclinar la balanza; y si se junta a entrambas, entonces serán iguales. Mas hay esta diferencia, que cuando se mata a un siervo, si se hace sin razón, se peca simplemente; pero en la muerte de un padre se cometen muchos pecados. Se ofende al que engendró, al que crió y enseñó, al que colocó en su asiento y en su casa y en la República; excede en el mayor número de pecados, y por esto es digno de mayor castigo. Pero nosotros, en la vida, no debemos mirar a la pena que está señalada a cada pecado, sino cuánto es lícito a cada uno; debemos pensar que todo lo que no conviene hacer es delito, y que todo lo que no es lícito es

impiedad. ¿Aun en las cosas más pequeñas? Sí.
Porque no podemos fijar límite y tasa en las cosas;
pero podemos tenerla en nuestros ánimos. Será bien
que a un comediante, si se movió un poco fuera
del compás, o si pronunció en algún verso una sílaba
más breve o más larga, se le silbe y se le deprecie;
y en la vida, que debe ser más moderada que todos
los meneos y gestos, y más arreglada que todos los
versos, ¿dirás que pecas como en una sílaba? No
admito la excusa del poeta en una friolera, ¿y he
de admitir la de un ciudadano en una sociedad
de la vida, que mide por los dedos sus pecados?
Los cuales, cuando parezcan más ligeros, ¿cómo pueden parecer más leves? Siendo así que cuando se
peca, se peca con perturbación de la razón y del
orden, y ésta una vez perturbada, nada se puede
añadir por donde parezca que se peca más.

PARADOJA IV

Que todos los necios son locos ([1]).

CAPÍTULO ÚNICO

Yo te probaré con argumentos verdaderos y necesarios, no que eres necio, como muchas veces, ni malo, como siempre, sino como loco e insensato. El ánimo del sabio, fortalecido de la grandeza del consejo, del sufrimiento de los acontecimientos humanos, del menosprecio de la fortuna, y finalmente, de todas las virtudes, como de unas murallas, ¿puede ser vencido y conquistado pues ni aun puede ser echado de la ciudad? Porque, ¿qué es la ciudad? ¿Es, por ventura toda junta aun de hombres fieros y bárbaros, o toda multitud de fugitivos y ladrones congregada en un mismo lugar? Ciertamente me dirás que no. Luego no era ciudad la nuestra cuando nada valían en ella las leyes, cuando estaban por tierra los juicios, cuando las costumbres de los mayores estaban aniquiladas, cuando arrojados con armas los magistrados no había en la República nombre de Senado. No era aquello ciudad, era un concurso de piratas, un latrocinio establecido en el foro, de que tú eras el autor principal, y las reliquias de la conjuración, que se pasaron de las furias de

---

(1) En esta paradoja, aunque hay mucha elocuencia, dirigida, como en otras ocasiones, contra Clodio, echan menos los eruditos más fundamentos para probar la cuestión general que se propone por argumento. Algunos han creído que éste es un fragmento de la paradoja que escribió Cicerón, y no la paradoja entera. Véanse las completas ediciones de Cicerón en latín.

Catilina a tus locuras y maldades. Y así no fuí yo echado de la ciudad, que no lo era, y fuí llamado a la ciudad cuando hubo cónsul (¹) en la República, que antes no le había; cuando hubo Senado, que entonces estaba perdido; cuando hubo consentimiento del pueblo libre, y en fin, cuando se repitió la memoria de las leyes y la justicia, que son los nervios de la ciudad. Pero repara cuánto he menospreciado yo estas armas de tu latrocinio. Siempre he estado en la inteligencia de que tú habías asestado y disparado contra mí una malvada injuria; pero jamás he creído que me llegase a tocar, si no es que acaso piensas que cuando derribabas las paredes o cuando metías en mis habitaciones malvadas teas, era arruinado o abrasado alguno de mis bienes. Nada que pueda ser quitado o robado o perdido es mío ni de ninguno. Si me hubieras quitado la divina constancia de mi ánimo, mis cuidados, mis desvelos, mis consejos, por los cuales se mantiene hoy con gran pesar tuyo la República; si hubieras borrado la memoria inmortal de este eterno beneficio, y aun mucho más si me hubieras quitado aquel entendimiento de donde procedieron estos consejos, entonces sí confesaría yo que me habías agraviado. Pero si esto no hiciste, ni podías hacerlo, tu injuria me dió una gloriosa vuelta, y no un destierro desgraciado. Luego yo siempre fuí ciudadano, y entonces en especial cuando el Senado encomendaba mi vida como de muy buen ciudadano a las naciones extranjeras; pero tú ni aun ahora lo eres, si no es que

(¹) El cónsul P. Léntulo, con su compañero Q. Metelo, propuso en el senado que se hiciese un decreto para restituir a Cicerón del destierro. Antes dice que no había cónsul, cuando en el tribunado de Clodio eran cónsules Pisón y Gabinio, de los cuales habla Cicerón en otros pasajes.

a un mismo tiempo pueda uno ser ciudadano y enemigo. ¿Distingues tú, acaso, el ciudadano y el enemigo por la condición y el lugar, y no por su ánimo y por sus hechos? Tú has hecho muertes en el foro, tú has ocupado los templos con ladrones armados, tú has incendiado las casas de los particulares y las sagradas. ¿Por qué se tiene a Espartaco por enemigo, si tú eres ciudadano? ¿Puedes ser ciudadano tú, por quien en algún tiempo no hubo ciudad? ¿Y me llamas a mí desterrado, que es nombre propio tuyo, cuando todos juzgan que la República fué la desterrada con mi salida de ella? ¿Qué es posible, loco, sin sentido, que nunca te mires a ti mismo? ¿Que nunca has de considerar ni lo que haces ni lo que hablas? ¿No sabes que el destierro es pena de los delitos? ¿Y que aquella mi jornada fué emprendida por mis gloriosos hechos? Los impíos y malvados, de cuyo caudillo tú te precias, a quienes piden las leyes que se destierre, éstos, aun cuando no muden de tierra, son los desterrados. ¿Y no lo serás tú también, cuando lo están clamando todas las leyes? ¿No se llamará enemigo aquel a quien se hallare con armas? Dentro del mismo Senado se te cogió a ti un puñal. ¿Aquel que haya dado muerte a otro? Tú se la has dado a muchos. ¿Que haya puesto fuego a algún edificio? El templo de las Ninfas fué abrasado por tus propias manos. ¿Que se haya hecho fuerte en los templos de los dioses? Hasta en la plaza has puesto tú tu real. ¿Mas, para qué hago yo mención de estas leyes comunes, por todas las cuales eres desterrado? Tu grande amigo promulgó un expreso (¹) para que

(¹) Se vió precisado Pisón a proponer este expreso, por el cual hubiera sido cruelmente castigado Clodio por haber-

si hubieses estado en el secreto sacrificio de la diosa Bona, salieses desterrado. Y esto de haberlo así ejecutado, sueles tú hacer jactancia. ¿Cómo, pues, siendo desterrado por tantas leyes, no te asusta el nombre de desterrado? Pero tú a esto dices que estás en Roma, y en el sacrificio también estuviste. Mas, no por estar uno en un lugar ha de gozar del derecho de aquel lugar, si no conviene según las leyes que esté en él.

se introducido en los sacrificios de la diosa Bona; pero por la amistad que tenía con Clodio tuvo maña para que el decreto no se recibiese.

PARADOJA V

Que sólo los sabios son libres, y todos los necios siervos.

CAPÍTULO PRIMERO

Mas alábese a este general ([1]), o llámesele así, o sea reputado digno de tal nombre. ¿Cómo? ¿A qué hombre libre ha de mandar, quien no puede mandar y sujetar sus deseos? Refrene primero sus liviandades, menosprecie los deleites, reprima su cólera, contenga su avaricia, eche de sí los demás vicios y manchas del ánimo; y comience entonces a mandar a los otros, cuando deje él de obedecer a aquellos tan malvados señores, como son el deshonor y la torpeza; pero mientras a éstos tuviere sujetos, no sólo no ha de ser tenido por capitán, mas ni aun por libre. Porque dijeron muy bien los varones doctísimos, de cuya autoridad no usaría si hubiera yo de hacer este discurso a algunos hombres del campo; pero a la vista y presencia de unos muy prudentes, para quienes nada de esto es nuevo, ¿por qué tengo de fingir, que si he puesto algún trabajo en estos estudios lo he perdido? Dicho es, pues, de varones muy doctos ([2]), que nadie es libre sino el sabio. Porque, ¿qué es la libertad? Es una facultad de poder vivir el hombre como quiera. ¿Y quién es el que vive como quiere, sino el que sigue lo

---

([1]) Puede entenderse esta invectiva de muchos generales de aquel tiempo, que fueron esclavos de sus pasiones, como Sila, César, M. Antonio, etc.: de éste último parece que habla.

([2]) Estos eran los estoicos.

recto, el que se complace en su obligación, el que tiene fija y considerada manera de vivir, el que obedece a las leyes, no por miedo, sino que las sigue y las respeta, porque juzga ser en gran manera saludable, aquel que nada dice, nada hace, y, finalmente, nada piensa sino con su gusto y libertad, cuyos consejos todos y todas sus operaciones de él nacen y a él se refieren; y no hay cosa que más pueda para con él que su misma voluntad y juicio. Aquel a quien la misma fortuna, que tanta fuerza se dice que tiene, cede, como dijo el sabio poeta: Cada uno se hace su fortuna por sus costumbres. Pues sólo al varón sabio acontece el no hacer cosa alguna contra su voluntad, nada con sentimiento, nada por fuerza. Lo cual, aunque necesita de un largo discurso para confirmar ser así cierto; esto, no obstante, sin muchas palabras se ha de confesar que nadie es libre, sino el que de estos sentimientos está animado. Luego todos los malos son siervos; cosa que no tanto, en realidad, como en el decirse, es inopinada o admirable; porque no se dice que ellos sean siervos de aquella condición que lo son los esclavos, que éstos son hechos siervos por la compra de sus señores o por otro derecho civil; pero si es servidumbre, como lo es en efecto, la obediencia de un ánimo humilde y abatido, y que carece de su albedrío, ¿quién puede negar que todos los hombres livianos, todos los ambiciosos y, finalmente, todos los malos son esclavos?

CAPÍTULO II

¿Tendré yo, acaso, por libre a aquel a quien manda una mujer?; ¿que le impone leyes, que le ordena, le manda, y le prohibe lo que le parece?; ¿que nada que le mande puede negarle, que nada se atreve a rehusarle?; ¿que le pide, y le ha de dar; lo llama, y ha de venir; lo arroja de sí, se ha de ir; le amenaza, ha de temer? Yo, a un hombre tal, no sólo juzgo que se le llame siervo, sino siervo muy vil, aun cuando haya nacido de una familia ilustre. Y así como en una familia dilatada hay siervos más nobles, como ellos creen, pero son siervos barrenderos de los atrios y jardineros; así, tan necios son aquellos a quienes deleitan mucho las estatuas, las pinturas, la plata labrada, las obras corintias y los edificios suntuosos. Pero somos, dicen, hombres principales de la ciudad. No sois ni aun principales entre los que reparten con vosotros esa servidumbre. Mas al modo que en la familia los que tratan estas cosas, los que limpian, untan, barren, riegan no tienen muy decente lugar de servidumbre; asimismo en la ciudad, los que se han dado a los deseos de estas cosas, tienen en ella casi el último lugar. Dirásme acaso: yo he hecho grandes guerras, he tenido grandes gobiernos y provincias a mi cargo. ¡Infeliz! Ten más bien un ánimo digno de alabanza. Una pintura de Equión te detiene atónito o alguna estatua de Polícleto. Dejo aparte de dónde la has tomado, y cómo la tienes; cuando yo te veo mirarla, maravillarte y dar gritos de alegría, te juzgo siervo de todas las boberías. ¿Pues, no son estas cosas agradables y deliciosas? Sí lo son, que yo también tengo cultos los ojos; pero ruégote que sean estimadas, no como prisión de los hombres, sino como juego y diversión de niños. Porque, dime, ¿si Lucio Mumio viera a alguno de éstos tratando con muchísima pasión una imagen corintia que representa un siervo que da el orinal, habiendo él menospreciado todas las riquezas de Corinto, le tendría por un ciudadano esclarecido o por un atriense diligente? Resucite ahora M. Murio o alguno de aquellos en cuyas granjas y casas nada hubo resplandeciente y adornado sino ellos mismos, y vea a alguno de los que han recibido grandes beneficios del pueblo sacar barbos marinos de un estanque, y que se alaba de la abundancia de lampreas que tiene; ¿a este hombre no le tendrá por siervo de tal modo, que ni le juzgará digno de otro mayor ejercicio en la familia? ¿Es, acaso, dudosa la esclavitud de aquellos que por el deseo del peculio no rehusan manera ni condición alguna de muy dura servidumbre? La esperanza de la herencia, ¿qué iniquidades no aguanta en el servir? ¿Qué mirada no observa del viejo rico y sin herederos? Háblale a su voluntad; cualquiera cosa que insinúa, hace; le adula, se sienta junto a él, le regala. ¿Qué cosa de éstas es propia de un libre, o no lo es de un siervo inútil?

CAPÍTULO III

Pues aquel otro deseo que parece más honroso de honor, de Imperio, de provincias, ¡cuán riguroso señor es, cuán imperioso, cuán vehemente! Este obligó a que sirviesen a Cetego, hombre de no muy buena fama, otros que se tenían por muy esclarecidos, a regalarle, a ir de noche a su casa, a rogarle y suplicarle: ¿Cuál es servidumbre, si ésta se puede llamar libertad? ¿Y qué cuando al dominio de los deseos sucede otro señor del remordimiento de los pecados, que es el temor? ¡Cuán miserable y cruel es esta servidumbre! Hase de servir a los jóvenes un poco más habladores; se teme como a señores a todos aquellos que parece que saben algo. Mas un juez, ¿cuánto dominio no tiene? ¿Con qué temor no asusta a los malos? Y bien, ¿todo miedo no es servidumbre? ¿Qué quiere decir aquella más abundante que sabia oración del muy elocuente L. Craso? *Sacadnos de servidumbre.* ¿Qué servidumbre es ésta en un varón tan esclarecido y noble? Toda timidez de un ánimo apocado, humilde y abatido es servidumbre. *No queráis permitir que sirvamos a nadie.* ¿Quiere, acaso, que se le vuelva la libertad? De ningún modo. Porque, ¿qué es lo que añade? *Sino a todos vosotros* (no quiere ser libre, sino mudar de señor): *a quienes podemos y debemos.* Mas nosotros, si tenemos un ánimo excelso y elevado y acrecentado de virtudes, ni debemos ni podemos. Tú di que puedes, puesto que puedes; pero no digas que debes, porque ninguno debe sino aquello que es torpeza el no volverlo. Pero baste lo dicho. El vea cómo puede ser capitán, cuando la razón y la verdad le convence de que aun no es libre.

PARADOJA VI

Que sólo el sabio es rico.

CAPÍTULO PRIMERO

¿Qué vana ostentación es esa tuya (¹) en hablar de tu dinero? ¿Por ventura, tú sólo eres rico? ¡Oh dioses inmortales! ¿No me he de gozar yo de haber oído y aprendido alguna cosa? ¿Sólo tú eres rico? ¿Y si aun no eres rico? ¿Y si aun eres pobre? Porque, ¿a quién entendemos por rico? ¿Quién es aquel a quien se da este nombre? Creo que a aquel que tiene tantas posesiones que se contenta con facilidad para vivir honradamente; que nada busca, nada apetece, nada más desea. Tú ánimo es el que conviene que la juzgue rico, no el habla de los otros hombres, ni tus mismas posesiones; que nada crea que te falta y nada más procure. ¿Estás satisfecho o contento con tu dinero? Concédotelo: eres rico; pero si por la codicia del dinero ningún género de ganancias tienes por torpe, cuando en ese orden ninguna puede haber que sea honesta: si todos los días defraudas, engañas, pides, pactas, quitas y robas, si hurtas a los aliados, si despojas el Erario, si estás aguardando los testamentos de tus amigos, o aun no lo aguardas, sino que tú mismo los finges, pregunto: ¿éstas son señales de abundante o de necesitado? El ánimo del hombre es el que se suele llamar rico, no sus cofres; los cuales, aunque estén llenos,

(¹) Todo el discurso se dirige contra M. Craso, hombre de muchas riquezas en aquel tiempo; pero por la definición del hombre rico prueba que él no lo era.

mientras a ti te veo vacío no te tendré por rico. Porque miden los hombres las riquezas por aquello que a cada uno le basta ¿Tiene uno una hija? Necesita dinero. ¿Tiene dos hijas? Más dinero. ¿Tiene más? Todavía más dinero. Y si como dicen de Danao, son cincuenta las hijas, tantas dotes gran suma de dinero requieren; pues, según aquello que cada uno necesita, se regula, como dije antes, la calidad de la riqueza. Mas, aquel que no tiene muchas hijas, pero sí deseos innumerables, que en breve tiempo pueden acabar grandes abundancias, a éste, ¿cómo le llamaré yo rico, cuando él mismo reconoce que está necesitado? Muchos te han oído decir que no era hombre rico el que no podía mantener un ejército a su costa; que apenas puede el pueblo romano, muchos tiempos ha, con todas sus rentas. Luego, esto supuesto, nunca serás rico hasta que tus posesiones te den de sí tantas rentas que con ellas puedas mantener seis legiones y un gran número de tropas auxiliares de caballería y de infantería. Con que ya confiesas que no eres rico, pues que tanto te falta para tener cumplido lo que deseas. Y esta tu pobreza, o por mejor decir, esa necesidad y mendiguez tuya, bien clara ha sido siempre.

CAPÍTULO II

Porque, así como aquellos que buscan honestamente hacienda, o por medio de mercaderías, o trabajando en las obras, o tomándolas, entendemos que necesitan buscar y adquirir, así el que ve en tu casa justamente congregados a un tiempo acusadores y jueces, quien ve a los reos malos y adinerados buscar modo de corromper el juicio siendo tú el autor

de ello, quien ve tus pactos de alguna merced por
las defensas, las fianzas impuestas en la unión de
los pretendientes, los libertos que envías a comerciar
y robar las provincias, las expulsiones de los vecinos,
los latrocinios en los campos; los que se acuerden de
las compañías establecidas entre los siervos con los
libertos y dependientes, de las posesiones vacías, de
las proscripciones de los ricos, la mortandad de los
municipios y de aquel cúmulo de bienes del tiempo
de Sila; los que de los testamentos supuestos, de las
muertes de tantos hombres, los que vean finalmente
que todo se vende, la leva, el decreto, la ajena sentencia y la propia, el foro, la casa, la voz, el silencio;
¿quién no creerá que este hombre confiesa estar necesitado? Pues el que necesita ¿quién dirá jamás
que es rico? Porque el fruto de las riquezas consiste
en la abundancia, y esta abundancia la declara la
hartura y copia de las cosas; la cual, como no la
conseguirás tú nunca, por eso mismo nunca serás
rico. Mas, porque haces menosprecio de mi riqueza,
y con razón, la cual, en opinión del pueblo, es mediana, en la tuya ninguna, y en la mía moderada,
callaré por lo que a mí toca y hablaré del asunto.
Si hemos de sentenciar y decidir este punto, ¿esti-
maremos en más el dinero que Pirro daba a Fabricio,
o la moderación de Fabricio que no lo quería admitir? ¿Apreciaremos en más el oro de los samnitas, o
la respuesta de M. Curio? ¿La herencia de L. Paulo,
o la liberalidad de Africano, que dió a su hermano
Q. Máximo, la parte que a él le cupo? Sin duda, estas acciones, hijas de las mayores virtudes, merecen
más estimación que aquellas que vienen del dinero.
Pues supuesto que aquél es tenido por rico que posee
más, ¿quién puede dudar que las riquezas consisten
en la virtud, pues que ninguna posesión, ninguna

gran cantidad de oro ni plata se debe estimar más que la virtud?

CAPÍTULO III

¡Oh dioses inmortales! No comprenden los hombres cuán gran renta es la moderación; vengamos ya a los gastadores, dejemos a este ganancioso. Aquél saca de sus heredades seiscientos sestercios; yo, de las mías, saco ciento; el que quiere en su granja los techos dorados, el suelo de mármol, que desea infinitamente tener estatuas, pinturas, alhajas y vestidos, no sólo no le alcanza su renta para su gasto, sino aun es poca para pagar la usura; y de mi corta renta, quitados los gastos del lujo, aun ha de sobrar algo. Pregunto, ¿quién es más rico? ¿A quién le falta, o a quién le sobra? ¿El que necesita o el que abunda? ¿Aquel cuya posesión, por ser mayor, necesita más para conservarse, o el de aquella que con sus mismas fuerzas se conserva? ¿Mas, para qué hablo yo de mí, que por la corrupción de las costumbres y de los tiempos, soy quizá comprendido también en el propio error de este siglo? En tiempo de nuestros abuelos Marco Manilio (por no hablar siempre de los Curios y Luscinos), fué ciertamente un pobre, porque tuvo tan sólo una casa pequeña en Carinas, y un poco de tierra en el Labicano: ¿Acaso somos más ricos nosotros que tenemos más? ¡Ojalá lo fuéramos! Mas, no por la estimación de las riquezas, sino por el uso y porte de vida se aprecian ellas. El no ser deseoso, dinero es; no ser comprador de todo, es una renta; mas, el estar uno contento con lo que tiene, son muy grandes y muy ciertas riquezas. Pues si estos astutos apreciadores de las cosas estiman en mucho los prados y algunas eras, porque este género de posesiones no está expuesto a daños muy graves, ¿en cuánto diremos que se ha de apreciar la virtud, la cual ni se puede robar, ni quitar a hurto jamás, ni se pierde con el naufragio o incendio, ni se muda con la variedad de las estaciones y de los tiempos? Solamente los que están adornados de ella son los ricos, porque ellos solos poseen cosas fructuosas y de eterna duración; y sólo ellos (como es propio de las riquezas), contentos con lo que tienen juzgan que aquello les basta, nada apetecen, de nada carecen, nada creen que les falta, nada más buscan. Mas, los malos y avarientos, como sus posesiones son de cosas inciertas, y que consisten en casualidades, y siempre apetecen tener más, y no se habrá hallado uno hasta ahora que le bastase lo que tuviese, no solamente no son abundantes y ricos, sino que han de ser tenidos por necesitados y pobres.

F I N